北京大学课程思政丛书

本书为教育部哲学社会科学研究重大课题攻关项目
《新时代学校体育美育改革发展研究》（批准号 20JZD052）成果

大学体育
课程思政教程

安钰峰　赫忠慧 ◎主编
钱俊伟　董进霞　郝光安　王东敏 ◎副主编

图书在版编目(CIP)数据

大学体育课程思政教程 / 安钰峰，赫忠慧主编. —北京：北京大学出版社，2024.6
ISBN 978-7-301-35068-3

Ⅰ.①大… Ⅱ.①安… ②赫… Ⅲ.①大学生—思想政治教育—高等学校—教材 Ⅳ.①G641

中国国家版本馆 CIP 数据核字（2024）第 097042 号

书　　　名	大学体育课程思政教程 DAXUE TIYU KECHENG SIZHENG JIAOCHENG
著作责任者	安钰峰　赫忠慧　主编
责 任 编 辑	桂　春
标 准 书 号	ISBN 978-7-301-35068-3
出 版 发 行	北京大学出版社
地　　　址	北京市海淀区成府路 205 号　100871
网　　　址	http://www.pup.cn　新浪微博：@北京大学出版社
电 子 邮 箱	编辑部 zyjy@pup.cn　总编室 zpup@pup.cn
电　　　话	邮购部 010-62752015　发行部 010-62750672 编辑部 010-62756923
印 刷 者	三河市北燕印装有限公司
经 销 者	新华书店
	787 毫米×1092 毫米　16 开本　12 印张　170 千字 2024 年 6 月第 1 版　2024 年 6 月第 1 次印刷
定　　　价	39.00 元

未经许可，不得以任何方式复制或抄袭本书之部分或全部内容。
版权所有，侵权必究
举报电话：010-62752024　电子邮箱：fd@pup.cn
图书如有印装质量问题，请与出版部联系，电话：010-62756370

《大学体育课程思政教程》编委会

主　　编　安钰峰　赫忠慧
副 主 编　钱俊伟　董进霞　郝光安　王东敏
参编人员（按姓氏拼音首字母排序）

柴云龙	车　磊	杜军明	冯凯杰
何仲恺	黄彬彬	焦晨曦	李贵森
李　宁	李玉新	刘　博	刘林青
刘茂辉	刘　伟	卢福泉	毛智和
闵东旭	欧阳泽蔓	亓　昕	钱俊伟
钱永健	孙华泽 (北航23级硕)	孙玉洁	唐　彦
吴定锋	吴　飞	吴　昊	萧文革
谢　卉 (23届硕)	谢书妍 (23届硕)	邢衍安	徐玉隽
许奕昕 (23届硕)	余　潜	张　冰	张　锐
张亚谦	赵伯楠 (23届硕)	郑　重	周正卿

前　言

　　北京大学对于体育教育的重视有着历史悠久的传统，最早可追溯到京师大学堂时期。1917年蔡元培先生主持校务后，大力倡导"思想自由，兼容并包"，并提出了"完全人格，首在体育"的观点，在民族危难之际把体育排在了第一位，位列"德育、智育、美育"之前。进入新时代，体育在增强体质，提高健康水平，培养健全人格，增强意志品质等方面更是发挥着越来越重要的作用。北大体育与国家民族的命运紧密相连，"团结起来，振兴中华""北大精神，勇在巅峰"的声音至今萦绕耳侧。而今，"德才均备、体魄健全"已经成为北大核心的育人理念和精神财富。秉承"健康校园，体育先行"的发展理念，实行"自我管理、全面发展"，北大动员全体师生积极行动，参与到学校的各项体育活动中，养成良好的运动习惯，展现师生蓬勃向上的精神风貌，为更好地从事教学科研、完成立德树人根本任务打下坚实基础。

　　2020年9月22日，习近平总书记在教育文化卫生体育领域专家代表座谈会上的讲话中明确指出:"要坚持健康第一的教育理念,加强学校体育工作,推动青少年文化学习和体育锻炼协调发展,帮助学生在体育锻炼中享受乐趣、增强体质、健全人格、锻炼意志。"身体的存在是一切教育活动的物质基础。体育作为德智体美劳"五育"中的重要环节,是"人的全面发展"关键一维。随着我国教育发展进入新时代,重视并推动学校体育的全面发展,深化对学校体育理念的理解与实践,是新时代的历史使命与责任。"无体育,不教育"已经成为某种共识。体育包含丰富的育人要素,可向多学科渗透,用体育可以带动全学科的融合发展,发挥"以体带全"的功能。2019年,国际大学生体育联合会启动了全球健康校园试点项目,北大是全球首批获选的7所高校之一,并且是亚洲唯一的示范校,参与规则制定,推进"健康校园,活力北大"为主题的校园体育文化建设,促进国际交流,突显综合大学体育育人的功能。

在体育课程中开展课程思政能充分发挥体育课程的育人功能,是贯彻落实习近平总书记重要讲话和实施立德树人的有效途径和重要抓手,也是构建安全稳定校园的思想保证。体育课程与思政教育在本质上互融相通,在实施课程思政的过程中有着得天独厚的条件和可行性。根据教育部《高等学校课程思政建设指导纲要》(教高〔2020〕3号)文件精神,本教材切实贯彻落实习近平总书记关于体育和教育的重要论述,践行"德才兼备,体魄健全"人才培养目标和"健康校园,体育先行"的体育理念,涵盖"坚定理想信念""厚植爱国情怀""加强品德修养""增长知识见识""培养奋斗精神""提升综合素质"等思政教育元素，寓价值观引导于知识传授和能力培养之中，帮助学生塑造正确的世界观、人生观、价值观。本教材案例呈现形式多元，内容广泛，具有良好的实践教学价值。它不仅促使体育课程与思政课程协同发展，还促进公共体育课程从传授知识向培养能力，再到塑造价值观的转变，具有积极意义。其中，对中华民族传统体育文化的精神传承，对奥运文化遗产的弘扬，都很好地彰显了时代特性。

在实现中华民族伟大复兴进入不可逆转的历史进程的关键时期，新时代教育工作者需要以拼搏创新、自强不息的精神状态全力以赴。

体育课程是学校体育实现"以体育人"目标的主要途径和手段。在体育课程中融入思想政治教育的元素，让学生了解和学习体育名人事迹，感触体育文化的魅力，是引导学生树立健康向上的精神风貌、激发学生爱国情怀的重要方法。在体育课程的教学实践和理论学习中，"以体思政"有助于释放其育人合力，培养学生的品格、增强学生社会责任感以及家国情怀，从而成全生命，实现人生价值，最终形成"以体育人、以体育德"的思想政治教育新格局。让体育运动与青春韶华做伴，让体育思政如春风化雨般滋润人生，更好地为党育人，为国育才。

编者
2024 年 4 月

目 录 · CONTENTS

第一章 弘扬中华体育精神，树立大国自信

导 言 …………………………………………………………… 003

一、中华体育精神是实现体育强国梦的重要组成部分 …… 004

　1.1　体育强国梦理念的时代召唤 ………………………… 004

　1.2　体育强国梦的意义 …………………………………… 004

　1.3　体育强国梦的丰富内涵 ……………………………… 006

二、中华体育精神是构建人类命运共同体的纽带 ………… 010

　2.1　人类命运共同体理念的意义 ………………………… 010

　2.2　体育与人类命运共同体理念高度契合 ……………… 010

　2.3　中华体育精神促进人类命运共同体的实现 ………… 012

三、中华体育精神内涵 ……………………………………… 013

　3.1　为国争光 ……………………………………………… 014

　3.2　无私奉献 ……………………………………………… 015

　3.3　科学求实 ……………………………………………… 017

　3.4　遵纪守法 ……………………………………………… 020

　3.5　团结协作 ……………………………………………… 023

　3.6　顽强拼搏 ……………………………………………… 024

四、在课程改革中加强体育与思政教育的有机融合 ……… 026
  4.1 科学设计体育课程，构建思政目标 ……… 026
  4.2 提高体育教师的育人意识，推动学科融合 ……… 027
  4.3 提高体育教师的知识储备，讲好体育故事 ……… 027
结　语 ……… 031

第二章　厚植家国情怀——培育和践行社会主义核心价值观

导　言 ……… 035

一、国家层面：富强、民主、文明、和谐 ……… 035
  1.1 是个人冠军，更是集体荣耀——乒乓球 ……… 036
  1.2 学习冠军精神，汲取奋进力量——北京大学冠军讲堂 ……… 038

二、社会层面：自由、平等、公正、法治 ……… 039
  2.1 体育课程创新与优化 ……… 039
  2.2 校园及课外文化的体育思政浸润 ……… 041

三、个人层面：爱国、敬业、诚信、友善 ……… 043
  3.1 "觉醒年代"校园定向主题活动 ……… 044
  3.2 "团结起来，振兴中华"
    ——北大学子喊出的时代强音 ……… 046

结　语 ……… 048

第三章　传承文化基因，弘扬民族传统体育的时代价值

导　言 ……… 051

一、民族传统体育的文化基因与现代传承 ……… 051
  1.1 民族传统体育的文化基因 ……… 051

  1.2 民族传统体育的现代传承 …………………… 056

二、民族传统体育的精神内涵 ……………………………… 061

  2.1 深植于儒家思想的爱国主义与集体主义精神 …… 061

  2.2 自强不息，永不言败的英雄主义精神 …………… 062

  2.3 海纳百川，有容乃大的人本主义精神 …………… 062

  2.4 寓和于礼，人文亲善的崇礼精神 ………………… 064

三、民族传统体育的世界之旅 ……………………………… 066

  3.1 民族传统体育文化对世界的贡献与价值 ………… 066

  3.2 "一带一路"引领新时代民族传统体育

    "走出去" …………………………………………… 069

  3.3 中国武术在世界范围内的广泛传播 ……………… 071

  3.4 太极拳"申遗"成功 ……………………………… 074

结 语 ……………………………………………………… 076

第四章 深入开展法治教育，培养法治意识

导 言 ……………………………………………………… 079

一、体育运动中的公民意识 ………………………………… 080

  1.1 体育运动有助于大学生民族精神的形成与国家

    意志的统一 ………………………………………… 081

  1.2 体育运动有助于大学生集体主义和爱国主义的

    养成 ………………………………………………… 082

  1.3 体育运动有助于克服利己主义，增强社会

    责任感 ……………………………………………… 084

二、体育运动中的法治意识 ………………………………… 087

  2.1 在体育教学中进行法治宣传教育 ………………… 090

2.2　在体育比赛中进行维权教育 …………………… 091

三、体育运动中的规则意识 ……………………………… 092

　　3.1　规则意识体现为遵守规则、公平竞争 ………… 094

　　3.2　规则意识体现为服从裁判 ……………………… 095

　　3.3　规则意识体现为尊重对手 ……………………… 095

四、体育运动中的诚信意识 ……………………………… 096

　　4.1　诚实守信，不自欺 ……………………………… 097

　　4.2　公平公正，杜绝作假 …………………………… 098

结　语 ……………………………………………………… 103

第五章　深化体育职业理想，加强职业道德教育

导　言 ……………………………………………………… 107

一、职业道德的培养 ……………………………………… 107

　　1.1　爱岗敬业 ………………………………………… 107

　　1.2　诚信 ……………………………………………… 111

　　1.3　自律坚持 ………………………………………… 112

二、培养创新能力 ………………………………………… 113

　　2.1　创设轻松、民主的环境，激发学生的运动兴趣 … 114

　　2.2　采取启发性提问，引导学生积极思考 ………… 114

三、培养领导能力 ………………………………………… 115

四、职业品质的培养 ……………………………………… 119

　　4.1　培养坚韧不拔的意志，提升抗挫折能力 ……… 119

　　4.2　培养顽强拼搏的精神 …………………………… 124

结　语 ……………………………………………………… 127

第六章　提高综合素质，培养体育核心素养

导　言 ································· 131

一、体育运动促进健康 ························ 131

　　1.1　体育运动对神经系统的促进作用 ············ 132

　　1.2　体育运动对循环系统的促进作用 ············ 133

　　1.3　体育运动对呼吸系统的促进作用 ············ 133

　　1.4　体育运动对骨骼的促进作用 ··············· 133

　　1.5　体育运动对一些疾病有预防作用 ············ 134

二、体育运动之健全人格 ····················· 135

三、体育运动之锤炼意志 ····················· 137

四、体育运动之享受乐趣 ····················· 143

五、体育教育之生命教育 ····················· 145

　　5.1　体育教育的生命特征 ··················· 146

　　5.2　体育教育的生命化 ···················· 147

第七章　奥林匹克文化及其教育价值

导　言 ································· 151

一、奥林匹克的精神与发展 ···················· 151

　　1.1　现代奥林匹克格言：更快、更高、更强 ········ 152

　　1.2　奥林匹克新理念与新精神：更团结 ·········· 152

　　1.3　奥林匹克的性别平等之路 ················ 154

　　1.4　奥林匹克教育的形成与发展 ··············· 155

二、传承奥林匹克精神，中国与世界"一起向未来" ······ 159

　　2.1　举办奥运会是中华民族的百年期盼 ··········· 159

　　2.2　北京冬奥会、双奥之城与新时代的新期盼 ········ 162

  2.3 双奥彰显国家软实力 …………………………………… 163
三、双奥遗产引领奥林匹克全民健身风潮 ………………………… 166
  3.1 奥运遗产的体育与教育资源转化 ……………………… 166
  3.2 奥运风向点燃健身运动热潮 …………………………… 168
  3.3 奥林匹克文化对中国青年的榜样教育作用 …………… 171
结　语 ……………………………………………………………… 173

参考文献 ………………………………………………………… 175

第一章
弘扬中华体育精神，树立大国自信

学习要点

1. 熟悉体育强国梦的理念、意义及其丰富内涵；
2. 理解中华体育精神如何与人类命运共同体在理念上契合并发挥纽带作用；
3. 正确认识中华体育精神的六大内涵及表现方式；
4. 掌握课程改革背景下体育与思政教育融合的实践路径与方法。

导　言

2013年8月31日，习近平总书记在会见全国体育先进单位和先进个人代表等时强调："广大体育工作者在长期实践中总结出的以'为国争光、无私奉献、科学求实、遵纪守法、团结协作、顽强拼搏'为主要内容的中华体育精神来之不易，弥足珍贵，要继承创新、发扬光大。"中华体育精神是中华民族在复兴进程中所形成的道德规范、思想品质和精神动力，其内涵博大精深。习近平总书记除了推崇奥林匹克精神之外，对能够充分体现中华民族精神的中华体育精神同样予以倡导。

1996年亚特兰大奥运会，中华体育健儿在奥运赛场的表现感动了全国观众。奥运会结束后，《中国体育报》连续发表6篇评论员文章，论述中华体育精神，在社会上引起较大反响。评论员文章指出中华体育精神由"祖国至上""敬业奉献""科学求实""遵纪守法""团结友爱""艰苦奋斗"等六个方面组成。这是"中华体育精神"作为特定概念首次出现在公众视野。1997年，时任国家体委主任的伍绍祖在全国体委主任会议上将中华体育精神概括为"为国争光、无私奉献、团结友爱、科学求实、遵纪守法、顽强拼搏"。

2007年5月21日，时任国家体育总局局长的刘鹏在《人民日报》上发表署名文章，将中华体育精神概括为"为国争光、无私奉献、科学求实、遵纪守法、团结协作、顽强拼搏"。中华体育精神作为一个具有特定内涵的名词被确定下来。中华体育精神是由"为国争光、无私奉献、科学求实、遵纪守法、团结协作、顽强拼搏"构成的一个有机整体。

一、中华体育精神是实现体育强国梦的重要组成部分

1.1 体育强国梦理念的时代召唤

"体育承载着国家强盛、民族振兴的梦想。"习近平总书记高度重视体育事业，始终站在战略全局高度谋划部署体育事业发展，强调加快建设体育强国。党的二十大报告明确提出，"广泛开展全民健身运动，加强青少年体育工作，促进群众体育和竞技体育全面发展，加快建设体育强国"，这为新发展阶段体育工作指明了前进方向，提供了根本遵循。党的二十大报告中，习近平总书记庄严地向全世界宣布，我国迈上全面建设社会主义现代化国家新征程。这样的一个新征程分为两个步骤：第一步是在2035年基本实现社会主义现代化；第二步是到21世纪中叶，实现富强民主文明和谐美丽的社会主义现代化强国。中国共产党建党一百年以来，世界经历百年未有之大变局。中国共产党的中心任务在于团结带领全国各族人民全面建成社会主义现代化强国，实现第二个百年奋斗目标。以中国式的现代化，全面推进中华民族伟大复兴。

1.2 体育强国梦的意义

体育强国梦是中国梦的重要组成部分，坚定认同体育强国梦

要先深刻理解中国梦。2014年2月7日,习近平总书记在看望索契冬奥会中国体育代表团时,强调指出"我们每个人的梦想、体育强国梦都与中国梦紧密相连"。中国近代史也表明,中国梦在体育领域的具体反映,就是体育强国梦;实现体育强国梦,是实现中国梦的能量包。体育发展史表明,从一个人的奥林匹克到百年奥运梦想成真,从"东亚病夫"到体育大国再到体育强国,中国特色体育承载的不仅是运动员的个人荣辱和体育部门的一家兴衰,更多的是人民健康的优劣、国家形象的好坏、民族精神的聚散。

体育强则中国强,国运兴则体育兴。体育承载着国家强盛、民族振兴的梦想,蕴含着强大的精神力量。2022年,冬奥会的圣火在中国点燃,这是重要历史节点的重大标志性活动,为我们展现国家形象、促进国家发展、振奋民族精神提供了重要契机。回顾历史展望未来,我国的体育事业将迎来更多的发展机遇。

毛泽东在《体育之研究》一文中说:"体育之效,至于强筋骨,因而增知识,因而调感情,因而强意志。"体育,能给人民带来健康和活力,更能给国家带来强盛和力量。深刻理解习近平总书记关于中国梦、体育强国梦、全民健康、健康中国、体育强则中国强等重要论述及思想,分析改革开放以来中国体育的发展历程与实践,"中国特色体育"应当立足中国国情和中国改革发展实际,以满足人民日益增长的美好生活需要为根本目标、以参加或者举办国内外体育赛事展示中国人民健康精神风貌为重要表现形式的所有涉及体育领域的探索实践,包括有中国特色的体育道路、体育制度、体育理论、体育文化等,具体体现为各项体育政策、体育相关产业现状、体育比赛成绩等。中国特色体育表现为人民性、国家性、民族性与社会性四个维度。深刻认识这四个维度，是科学认识中国特色体育，并明确现阶段发展路径的前提。

习近平总书记指出，"建设体育大国和体育强国，是中国人民实现两个一百年奋斗目标的重要组成部分"。中国梦是实现体育强国梦的重要依托，"加快建设体育强国，就要把握体育强国梦与中国梦息息相关的定位，把体育事业融入实现两个一百年奋斗目标大格局中去谋划"，"体育是提高人民健康水平的重要手段，也是实现中国梦的重要内容，能为中华民族伟大复兴提供凝心聚气的强大精神力量"。我国"十四五"规划和2035远景目标纲要进一步明确了体育强国梦与中国梦的辩证关系，提出2035年建成体育强国的远景目标，即形成政府主导有力、社会规范有序、市场充满活力、人民积极参与、社会组织健康发展、公共服务完善、与基本实现现代化相适应的体育发展新格局，体育治理体系和治理能力实现现代化。《体育强国建设纲要》提出我国到2050年将全面建成社会主义现代化体育强国，体育将成为中华民族伟大复兴的一个标志性事业。

1.3 体育强国梦的丰富内涵

体育文化作为世界共同体文化中剥离与凸显出来的一种文化形式，是人类社会文化的重要组成部分，它充分吸收了民族学、文化学、体育学、社会学等学科的精华，是一个具有多学科属性的概念。和世界所有文化形态一样，作为一种广泛、系统开放的文化形式，体育文化从历史走来，在满足人们的物质和精神追求的过程中不断演进和发展，如今已经成为一个内涵丰富、寓意深远的概念。从文化的结构形态来看，体育文化不仅包含了物质层面的体育文化形态、还包含行为层面的文化形态和精神层面的文化形态。

2019年发布的《体育强国建设纲要》就将促进体育文化繁荣发展，弘扬中华体育精神列为我国体育事业发展的重要战略任务之一。这要求我们应大力弘扬中华体育精神，深入挖掘中华体育精神，将其融入社会主义核心价值体系建设，精心培育和发展体育公益、慈善和志愿服务文化；完善中国体育荣誉体系，鼓励社会组织和单项体育协会设置褒奖运动精神的各类荣誉奖励；倡导文明观赛、文明健身等体育文明礼仪，促进社会主义思想道德建设和精神文明创建；传承中华传统体育文化，加强优秀民族体育、民间体育、民俗体育的保护、推广和创新，推进传统体育项目文化的挖掘和整理；开展体育文物、档案、文献等普查、收集、整理、保存和研究利用工作；开展传统体育类非物质文化遗产展示展演活动，推动传统体育类非物质文化遗产进校园；推动运动项目文化建设，挖掘体育运动项目特色、组织文化和团队精神，讲好以运动员为主体的运动项目文化故事；培育具有优秀品德和良好运动成绩的体育明星，组织运动队和体育明星开展公益活动；以各类赛事为平台，举办以运动项目为主要内容的文化活动、文化展示。

赵富学在梳理体育成为中华民族伟大复兴标志性事业的历史递进与现实逻辑时指出，中华体育精神引领着国人的爱国情怀，在国际舞台上展现的是不折不扣的"中国制造"。中华民族伟大复兴中国梦为中华体育精神赋予了新的时代内涵，凝聚了国人的力量，奏响了令国人奋进的凯歌，使中华体育健儿自信地向世界展现中国力量。

如今，中国正将体育事业融入实现两个一百年奋斗目标大格局中进行全面规划，致力于通过体育激发时代活力，点燃国民的激情与梦想，全力推进体育强国战略，让体育强国梦生根发芽开出绚烂的花朵。中华体育精神所展现的时代力量，为中国走向体育强国擘画了宏伟蓝图。中华体育精神属于几代中国体育人不懈奋斗与顽强拼搏的精神浓缩和结晶，既是体育事业发展进程中的宝贵财富，也是释读体育成为中华民族伟大复兴标志性事业内涵的重要时代依据和内容。在新的历史条件下，我们应该传承中华体育基因，弘扬中华体育精神，做到内修意志、外修体魄，为更好地实现体育强国梦以及建设中国特色社会主义现代化事业奠定基础。

教学案例：乒乓球作为国球促进中国体育腾飞

中国乒乓球队作为中国体坛一支长盛不衰的威武之师，为国家带来了无数荣耀，同时也形成了以"乒乓精神"为核心的文化价值观。1981年5月，时任国务院副总理的万里代表党中央、国务院在总结中国乒乓球队成功经验讲话中将"乒乓精神"归结为"胸怀祖国、放眼世界、为国争光的精神；发奋图强、自力更生、艰苦奋斗的实干精神；胜不骄、败不馁的革命英雄主义精神；不屈不挠、勤学苦练、不断钻研、不断创新的精神；同心同德、团结战斗的集体主义精神"。

思政学习要点：国球文化，冠军精神

中国乒乓球队夺得的优异成绩和形成的"乒乓精神"成为中国体育腾飞的标志。"乒乓精神"作为我国乒乓健儿的精神动力，为我国乒乓球运动始终站在世界乒乓球运动发展前沿起到了巨大的推动作用。伴随着国旗的一次次升起，中国运动员站在世界乒坛的最高领奖台上，是我们在奥运会和世界大赛中得到的最高礼遇，激励着中华儿女奋勇拼搏、不断超越。

一代代中国乒乓球运动员都以自己的实际行动践行着以"乒乓精神"为核心的价值观，并不断传承、发扬光大。在世界乒乓球运动史上，只有 10 名运动员获得了大满贯得主的殊荣，而中国运动员占据 9 席。中国作为乒乓球大国和强国，每一位获得冠军的运动员都具有超越自己、超越对手的雄心壮志，每一枚金牌后面都有一段段鲜为人知的奋斗史，每一枚金牌后面都凝聚着数不清的血汗和伤痛。这些运动员用刻苦铸就辉煌，用顽强获取成功，用坚持赢得尊重，他们将坚强植入心中，锲而不舍，永不放弃，展现出的"冠军精神"值得国人永远学习。

课堂实践

通过乒乓球课堂践行立德树人初心使命，为国家立德树人，培养德智体美劳全面发展的社会主义建设者和接班人。在乒乓球授课过程中，教师应在传授好乒乓球技术的同时，充分发挥乒乓球运动的思政功能，将课程思政融入乒乓球运动的教学中。用乒乓球运动激励学生健全人格、锤炼意志、勇于面对挫折、树立正确的胜负观、形成良好的规则意识，并传承好国球文化，将为国争光精神、实干精神、英雄主义精神、创新精神和集体主义精神发扬光大。

二、中华体育精神是构建人类命运共同体的纽带

2.1　人类命运共同体理念的意义

在党的十九大报告中，习近平总书记将"坚持推动构建人类命运共同体"作为新时代坚持和发展中国特色社会主义思想的基本方略之一。2018年3月20日，习近平总书记在十三届全国人大一次会议闭幕会上的重要讲话中再一次呼吁，让人类命运共同体建设的阳光普照世界。人类命运共同体理念由两岸"血脉相连"的命运共同体、中华民族共同体到"亚洲命运共同体"再到"人类命运共同体"，并以"和平、发展、公平、正义、民主、自由"这一全人类的共同价值为价值基础，既是中国立足国内国际的现实，构建自己的话语系统和表达方式的关键一步，也是对当代人类文明基本价值观的一个总的表达。就世界意义而言，人类命运共同体的新构想积极建构了全球化时代人类交往的新范式，为人类的光明未来提供了一种现实可能性，对于人们突破个体本位主义，站在"类"的意义上思考人与自然、人与人、人与自我的关系，摆脱囚徒困境的难题，提供了新的路径。

2.2　体育与人类命运共同体理念高度契合

运动对人类文明至关重要。2014年习近平主席在南京会见国际奥委会主席时指出，"体育是社会发展和人类进步的重要标志，是综合国力和社会文明程度的重要体现，能为经济社会发展

增添动力，凝聚力量。"习近平总书记说："构建人类命运共同体，关键在行动"，体育作为构建人类命运共同体的重要场域与重要力量，打造体育推进人类命运共同体构建的实践体系是行动的关键与保障。

一方面，体育是人类文明进程中创造的一种生存智慧和文明方式，体育"共生"理念、平等思想、文明精神、推动和平的实践与人类命运共同体理念对榫接边，构成了体育践行"人类命运共同体"的理论与实践基石。从古希腊"休战仪式"到北京奥运会的中国声音——"同一个世界，同一个梦想""一起向未来"；再到第76届联合国大会协商一致通过的北京冬奥会奥林匹克休战决议，决议呼吁以对话消弭分歧，以合作替代对抗，增进相互理解，维护世界和平与发展的"中国和平行动"，都证实了体育具有推动人类和平的实践性价值。

另一方面，体育是全球化时代"流动性最大的东西"，体育是飞越种族、文化、宗教、语言、肤色差异的"和平鸽"，是实践人类社会共同价值的"橄榄枝"，是人类合作中最大的共同体。体育中"平等""公平""正义"等理念彰显着人类的尊严，是维护国际秩序行之有效的"体育方案"；"体育让世界更美好"是捍卫联合国共同理想与原则最响亮的声音；体育活动中实现了全世界"普遍、平等、无歧视及尊重规则"。

国际奥委会则一直强调体育服务全人类，奥林匹克文化对实现人的全面发展、增进各国人民友谊具有重要作用。这些意味着体育在促进全人类社会发展、和平以及推进人类新文明中将扮演越来越重要的角色，体育成为人民追求幸福的重要生活方式。

2.3　中华体育精神促进人类命运共同体的实现

中华体育精神与人类命运共同体互为经纬,二者相辅相成、相得益彰,共同勾勒出了人类社会的美好蓝图。中华体育精神有助于推动共建一个持久和平、普遍安全的世界。在中华体育精神的指引下,我国以体育外交为依托,为共建一个持久和平、普遍安全的世界拓宽了阳关大道。在中华体育精神的指引下,我国以"一带一路"为契机,充分发挥了体育在促进产业发展与文化交流中的重要作用。

改革开放以来,我国体育事业有了长足的进步和发展,特别是党的十八大以来,我国正由体育大国向体育强国迈进,体育强国的作用明显显现、越来越大。正如习近平总书记在2013年8月31日会见全国体育先进单位和先进个人代表时所强调,"体育是社会发展和人类进步的重要标志,是综合国力和社会文明程度的重要体现。体育在提高人民身体素质和健康水平、促进人的全面发展,丰富人民精神文化生活、推动经济社会发展、激励全国各族人民弘扬追求卓越、突破自我的精神方面,都有着不可替代的重要作用"。

中华体育精神可以增进国家之间、民族之间的了解和包容,消弭社会制度偏见、文明冲突隔阂,促进全人类求同存异、和谐共荣,搭建弘扬人类命运共同体崇高理念的桥梁,有效促进人类命运共同体的构建。国际体育赛事和大型运动会的举办,为我国在全球范围传播和全方位展示国家的道路自信、理论自信、制度自信、文化自信提供了平台。无论是改善中美关系、打开中美友好交往大门的"乒乓外交",还是"同一个世界,同一个梦想"的北京奥运会和"一起向未来"的北京冬奥会共同构成的

"奥运外交"，都彰显了中国体育外交的巨大成就，为构建一个持久和平、普遍安全的世界贡献了中国智慧。"共创未来"精神是中华民族在北京冬奥会和冬残奥会的全面实践中生发出的对构建人类命运共同体的真切呼唤。中华文化同"共创未来"的北京冬奥精神都隐含了北京冬奥会主题口号"一起向未来"的人文情怀和奥运新格言"更团结"的包容价值，使北京冬奥精神在中华体育精神谱系中的样板作用更加鲜明。

在未来强化体育文化软实力建设中，首先应增强体育文化软实力的认识，做大做强我国体育文化事业。提高两个"认识"，即"使人民基本文化权益得到更好保障"和"提高国家体育文化软实力"的认识；其次要明白体育文化软实力的建设要从目前我国体育事业发展中的具体问题入手，着眼我国竞技体育、大众体育和学校体育的现实，根据问题提出整改内容和整改措施，突出重点、循序渐进地进行。挖掘培植我国体育文化精华，构建完善体育文化价值体系。

总之，要发挥中华体育文化构建人类命运共同体的功能，首先要坚守中国体育文化价值观所折射出的体育精神；其次要加强与各国的理性对话，消除误解，与世界各国建立起信任关系；再次要考虑世界需求，积极吸收各国优秀的体育文化价值特征元素，为世界体育文化发展服务；最后在与世界体育价值观对话中，要使我国体育文化充分坚持民族性、体现时代性。

三、中华体育精神内涵

中华体育精神反映中国体育的价值导向和文化追求，不仅是中国体育的灵魂,也是中华民族的宝贵精神财富。以"为国争光、无私奉献、科学求实、遵纪守法、团结协作、顽强拼搏"为主要内容的中华体育精神,积淀着我国体育界几十年来的经验,表现了体育人对体育事业的忠诚、执着和朴实,展示了体育人不放弃理想与信念的坚守与奋斗。

3.1 为国争光

爱国主义是中华民族的优良传统,在体育实践中,强烈的责任感和使命感体现的就是一种强烈的爱国主义精神。为国争光是祖国至上的爱国主义精神的具体体现,是中华体育精神的核心所在和根本动力。习近平总书记指出,爱国主义是中华民族精神的核心。习近平总书记还指出:"实现中国梦必须弘扬中国精神。这就是以爱国主义为核心的民族精神,以改革创新为核心的时代精神。这种精神是凝心聚力的兴国之魂、强国之魂。""让爱国主义成为每一个中国人的坚定信念和精神依靠。""在社会主义核心价值观中,最深层、最根本、最永恒的是爱国主义。"

在体育比赛中,运动员的个人表现,不仅代表了自己的成绩,更代表了国家的形象和实力。他们用自己的乐观和毅力为祖国赢得了一枚枚弥足珍贵的奖牌,心中满怀爱国主义情感。

例如,中国女排建队之初,训练场上就贴着"为国争光"四个大字。这是中国女排的初心和使命。从1984年中国女排首夺奥运会金牌,到2004年雅典奥运会、2016年里约奥运会,再到2019年大阪女排世界杯,几代排球将士一直将爱国情怀、祖国至上融入血液之中,对祖国发自内心的热爱,为国争光的自豪与幸福,激励着中国女排姑娘创造了世界大赛"五连冠"的辉煌，也创造了"三大赛"十一冠的壮举。

祖国至上是中国女排最深刻的理念，主教练郎平说："只要穿上带有'中国'二字的球衣，就是代表祖国出征。每一次比赛，我们的目标都是升国旗、奏国歌。"队员朱婷说："是祖国的伟大成就了我们。"女排队员们祖国至上的理念不仅是她们在赛场上顽强拼搏的动力，也极大地激发了全国各族人民的爱国之情，鼓舞人们为国争光，为祖国建设贡献力量。

近40年风雨之路，爱国主义情怀一直深植于中国女排队员们的心中，成为这个光荣集体的强大基因。尽管队员换了一茬又一茬，尽管其间几经挫折、磨难、沉浮，但祖国至上的理念一直坚守不变，她们在超越自我、追求卓越的道路上从未止步。

中华体育精神在新时代以蓬勃活力吸引着众多青年继续画出巨大同心圆，汇聚起自强不息、奋发图强的磅礴力量。2016年习近平总书记在会见第31届奥运会中国体育代表团时强调，"我国体育健儿在里约奥运会上的出色表现，生动诠释了奥林匹克精神和中华体育精神，为祖国争了光，为民族争了气，为奥运增了辉，为人生添了彩，激发了全国人民的爱国热情和全世界中华儿女的民族自豪感，增强了中华民族的凝聚力、向心力、自信心，是中国精神的一个重要体现"。

3.2 无私奉献

无私奉献指的是淡泊名利、甘于奉献，展现了一种大爱的胸怀、忘我的精神，是不计得失的大公无私精神和崇高的职业道德的具体体现。作为一种优秀品质，无私奉献表现为体育人在平凡的工作岗位上忘我工作、不计回报，因热爱而坚守，为了国家荣誉甘愿牺牲个人利益。这是一种高尚的、伟大的无我境界。习近平总书记在庆祝中国共产党成立95周年大会上指出，"全国广大青年要深刻了解近代以来中国人民和中华民族不懈奋斗的光荣历史和伟大历程，坚定不移跟着中国共产党走，勇做走在时代前列的奋进者、开拓者、奉献者，让青春在为祖国、为人民、为民族的奉献中焕发出绚丽光彩"。体育人要在忘我的无私奉献中完成体育强国的历史使命，实现自己的人生价值。

> **教学案例：奥运讲述——因为需要，所以坚持**
>
> 　　2021年8月4日晚，东京奥运会花样游泳项目双人自由自选决赛在东京水上运动中心举行，中国组合黄雪辰和孙文雁获得96.900分，并以192.4499分的总分，获得本次东京奥运会花样游泳双人自由自选决赛的银牌。
>
> 　　而对已经拥有4次奥运之旅，6枚不同奖牌的黄雪辰来说，这次的奥运会更加特殊。毕竟这次参加东京2020年奥运会的雪辰，已经是一个3岁孩子的母亲。但她仍然为了祖国荣光，选择复出和付出，坚持训练，并如愿代表中国取得了非常好的成绩。
>
> 　　在2016年里约奥运会结束之后，已经26岁的黄雪辰决定告别赛场回归生活，这样的选择对于一位女运动员来讲再正常不过了。然而，2017年，随着前辈的退役，中国花样游泳队面临着青黄不接的尴尬局面，此时，黄雪辰成了挑大梁最合适的人选。于是，她选择了复出，"国家队需要我，我就会为国出征。"

作为一位已经退役两年的妈妈，在重回赛场的过程中，黄雪辰面对自己不合格的体重、伤病以及动作的难度等困难，她害怕过、恐惧过，甚至一度崩溃。但是最终她还是坚持了下来，几个月下来，黄雪辰似乎经历了重生。皇天不负有心人，2019年7月，刚刚复出8个月的黄雪辰就在世锦赛上和搭档、队友一起拿到4枚银牌，曾经的中国花游女王她又回来了。之后黄雪辰顺利入选了2020年东京奥运会花样游泳名单，最终黄雪辰和搭档孙文雁在预赛和决赛都拿到了第二的成绩，再次为中国花样游泳增添了一枚奥运会银牌。

"花游在水里很柔美，但是过程却是充满力量的。只要有信念什么梦想都能实现。"将整个青春都奉献给花样游泳的黄雪辰这样说。她也以坚韧与勇气，以永不言弃的运动精神向新时代展示了追求卓越、自强不息的奋进力量。

3.3 科学求实

科学求实是一种崇尚科学、求实奋进、开拓创新的工作精神。随着社会的不断发展与进步，科学技术与科学精神在体育事业中发挥的作用日益凸显，优异成绩的取得，离不开科学的训练方法，也离不开科学求实的精神。以北京冬奥会为例，在"科技助力奥运备战"的总体部署下，科学化的训练方法、现代化的科技装备、专业化的科技团队都成为助力奥运备战的关键利器。一丝不苟、精益求精的科研教练团队成为助力我国运动员创造佳绩的幕后功臣。

科学求实精神源于中国历史悠久的传统文化，从儒家文化中衍生而来。子曰："君子欲讷于言而敏于行。"儒家思想一直以来对待现实生活的态度都是极其冷静、清醒和客观的。我国体育团队也向来格外重视用行动说话，用行动来展示中华民族坚忍不拔与自强不息的气节。

科学求实是指在实事求是的基础上讲求科学，尊重规律，谋求科技助力体育发展。习近平总书记强调，"坚持一切从实际出发，是我们想问题、作决策、办事情的出发点和落脚点。坚持从实际出发，前提是深入实际、了解实际，只有这样才能做到实事求是"。科学求实要从实际出发，从国情出发，普及健身知识，传播健康生活方式，尊重运动训练、人才成长和体育竞赛规律，尊重体育市场规律，学习国外先进经验，用科技的力量助推中国体育发展。

教学案例：科技赋能助攻冬奥夺金

运动员是科技创新的受益者，科学训练离不开科技的助力。针对2022年北京冬奥会，科技部在国家重点研发计划中设立并组织实施了"科技冬奥"重点专项，启动"国家科学化训练基地建设关键技术研究与示范"项目，通过多学科交叉融合，突破领域间壁垒，打通"学—研—用"全链条，建设冬季项目国家科学化训练基地。

为提高运动员的成绩，项目组研发了多种设备和技术，例如，其中一类装备可以帮助运动员在室内进行模拟训练，让他们在室内滑雪机上进行滑雪，从而能够监测在真实滑雪场上滑

> 行的姿态和场景，让运动员身临其境地进行相应的训练。再如，冬季项目场景三维感知及重建技术能将真实赛道投放到大屏上；室内多自由度模拟滑雪训练系统——室内模拟滑雪机——则使运动员在室内训练时也能体会像在真实赛道上滑行一样的感受。这些设备通过分析采集到的运动员的生命体征参数、骨骼肌肉系统模型、三维运动姿态以及在地面滑行时受到的摩擦力、空气的阻力等数据，帮助教练员和运动员进行训练，有助于他们提高训练效率。

科学技术的进步是促进世界发展的原动力，在科技的引领和助推下，竞技体育负载着人类文明、民族进步、集体与个人实现社会人文价值的重任，为社会创造出精彩的体育文化。从科学进程来讲，运动训练与竞赛科学化用一种感性的形式模拟了科学实验过程。在科学技术大面积、全方位覆盖竞技体育的大背景下，竞技体育的发展已经成为文化传承、人文素质进步的标牌，科学技术必将融入、渗透竞技体育各个环节，主导竞技体育向科学化的方向大踏步前进。

在体育领域，创新是竞技制胜的法宝。例如中国乒乓球，其长盛不衰的根本原因就是运动员们坚持科学训练，不断创新。1981年，万里同志在总结"乒乓精神"时，就将"不屈不挠、勤学苦练、不断钻研、不断创新"的精神作为"乒乓精神"的重要内涵之一。20世纪50年代，国内各路乒乓球选手和专家们归纳出了"快、准、狠、变"四字经，作为中国主流打法"近台快攻"的指导思想和发展方向。60年代，乒乓球队又总结制定了"百花齐放，以我为主，采诸家之长，走自己的路"的技术发展战略。70年代，徐寅生等人在总结了乒乓球发展的新规律的基础上，将原来的"四字经"加上了一个"转"字，发展为"五字经"。

20世纪80年代，中国乒乓球队又提出了"特长突出、技术全面、没有明显遗漏"的要求。据统计，在国际乒乓球运动发展的百年历程中，共有46项打法与技术创新，而中国运动员创新达到27项，约占总数的58.7%。近年来，中国乒乓球队依然坚持不断创新并掌握核心技术，使得马龙、许昕、陈梦、刘诗雯等一批年轻队员在大赛中脱颖而出。可以说，中国乒乓球长盛不衰的原因就是坚持不断创新。此外，排球、跳水、体操、皮划艇等项目，也始终遵循科学求实的精神，坚持在战术和训练方法上不断创新，使我国在这些项目上保持了长期优势。

3.4 遵纪守法

遵纪守法体现了严于律己的道德作风。遵纪守法指的是遵守体育的伦理道德和相关制度规范，通过公平竞赛和兑现承诺，维护体育的诚信。备受赞誉的"志行风格"就是遵守体育道德的表率。一方面，我国运动员要遵守国际体育的纪律要求和规则限制，尊重裁判、尊重对手、尊重观众，公平参赛，反对弄虚作假；另一方面，在筹办奥运会等重大体育赛事时，申办城市要兑现承诺，向国际社会展示中国政府和中国体育的诚信。习近平总书记指出，"我们要言必信、行必果，扎实工作，步步为营，要拿竞技奖牌，也要拿精神奖牌、廉洁奖牌，兑现向世界作出的庄严承诺"。通过全面兑现承诺，向世界展示中国政府的诚信和中国体育的遵纪守法。

为保证体育比赛有条不紊地进行，所有运动员都必须严格遵守相同的规则，惩罚一切不合规则的行为，以体现公平、公正的原则。体育竞赛的前提是参赛者要诚实守信，若不具备诚实守信的道德要求，如服用兴奋剂等，将会被取消参赛资格，以维护体育比赛的信用和权威。

一代代的中国体育人以遵纪守法为准绳，用实际行动向世界立体地展示了中国运动员的风采与风貌，也充分彰显了一个体育大国应尽的责任与担当。参赛者站在同一条起跑线上，很多摄像头现场直播体育赛事，在众目睽睽之下选手们展开同场竞技，赛后对获奖者进行兴奋剂检测，这些行为都在尽最大可能保证体育竞赛的公平、公开与公正。与此同时，《反兴奋剂条例》《反兴奋剂管理办法》等相关法律法规的出台与完善，更是进一步弘扬与发展了遵纪守法精神。习近平总书记多次专门对反兴奋剂工作作出重要指示批示，要求坚决推进反兴奋剂斗争，强化拿道德的金牌、风格的金牌、干净的金牌意识，坚决做到兴奋剂问题"零出现""零容忍"。把反兴奋剂工作的重要性上升到一个关乎国家形象和民族精神的前所未有的高度，也体现出反兴奋剂工作的重要意义。2022年在北京冬奥会、冬残奥会总结表彰大会上，习近平总书记赞美我国广大运动员、教练员以实际行动落实拿道德金牌、风格金牌、干净金牌的要求，诠释了奥林匹克精神和中华体育精神，实现了运动成绩和精神文明双丰收，为党和人民赢得了荣誉。

教学案例：反兴奋剂法治化迈出意义深远一步

《关于审理走私、非法经营、非法使用兴奋剂刑事案件适用法律若干问题的解释》（以下简称《司法解释》）2020年1月1日正式实施。根据规定，非法经营兴奋剂目录所列物质，可以非法经营罪定罪处罚。

兴奋剂违法入刑，旨在依法打击兴奋剂违法犯罪行为，有利于营造公平、公正的体育竞赛环境。2021年3月29日，上海市第三中级人民法院公开审理了秦某某、赵某非法经营兴奋剂案件。经法院审理，被告人秦某某、赵某犯非法经营罪，分别判处有期徒刑4年、5年，并处罚金人民币30万元、20万元。这是2019年11月最高人民法院发布《司法解释》以来，我国通过刑事手段制裁涉兴奋剂违法的首案。经侦查，锁定了以犯罪嫌疑人秦某某、赵某等人为首的，生产、销售兴奋剂目录所列药品的犯罪团伙。公安机关于2020年1月21日正式立案，4月27日，对该犯罪团伙展开3省4地联合收网，共抓捕犯罪嫌疑人21人；捣毁制假窝点1处、仓库2处，查处假冒公司2家。检察机关于2020年11月30日向上海市第三中级人民法院提起公诉。2021年3月29日上海市第三中级人民法院公开开庭审理了秦某某、赵某涉嫌非法经营兴奋剂的违法犯罪活动。

在案件前期侦查中，中国反兴奋剂中心结合兴奋剂目录和相关法律法规，与上海行政执法部门、公安机关、市检察院、市法院等单位进行座谈，了解相关案情及法律适用，为办案人员介绍了涉案药物属于兴奋剂，帮助办案单位丰富了证据种类。

> 反兴奋剂中心通过检测，确认涉案物质为兴奋剂，为涉案人员定罪找到适用的法律依据。
>
> 随着兴奋剂违法入刑，司法机关打击兴奋剂违法犯罪的案件逐渐增多，国家体育总局反兴奋剂中心与司法部门合作将成常态，他们的合作必将加强信息共享、线索交换、互补短板，共同提高执法水平与质量。

3.5 团结协作

团结协作提倡的是互助友爱、以大局为重的集体主义观念。团结协作是中国人民和中华民族战胜前进道路上一切风险挑战、不断从胜利走向新的胜利的重要保证。体育可以培养人们特别是青少年勇于竞争、善于合作、不怕挫折、追求胜利的优秀品质，这在集体项目中体现得尤为明显。正如习近平总书记所指出的，足球是一项讲究配合的集体运动，个人能力固然重要，但团队合作才是决定比赛结果的关键。1981年，中国男排在关键比赛时团结协作最终反败为胜，让北大学子们激动不已，喊出了"团结起来，振兴中华"的时代最强音。2018年五四青年节前夕，习近平总书记与北京大学师生座谈，感慨说道，"我记得，1981年北大学子在燕园一起喊出'团结起来，振兴中华'的响亮口号，今天我们仍然要叫响这个口号，万众一心为实现中国梦而奋斗"。

集体主义是社会主义道德的核心内容，它倡导团队精神，注重团结协作，要求每个人都各尽其能、各司其职，以高度的职业感最大限度地协调和配合，齐心协力形成强大合力，为实现共同的目标而努力拼搏。

> **教学案例：团结协作，永不言败的女排精神**
>
> 1981年11月16日，在日本大阪举办的第三届女排世界杯比赛中，中国女排以七战七捷的成绩首次获得世界冠军，取得了历史性突破。1986年中国女排成为世界排球史上第一支获得"五连冠"的队伍。中国女排在岁月深处发出的强音，她们当年的奋进与昂扬，始终激励国人奋发进取、为国争光，是民族精神中熠熠生辉的宝贵财富。40年来，中国女排有过成功登顶的辉煌，也有过跌入低谷的挫折，但她们胜不骄、败不馁，始终保持一股不服输的拼劲、打不垮的韧劲。2019年，中国女排夺得世界杯冠军，这不仅得益于"铁榔头"郎平教练的有力指导，更取决于每位女排姑娘尽心竭力、高度敬业的协同意识。正是女排队伍团结协作的高昂斗志使得2019年世界杯冠军得以诞生。2019年9月30日，习近平总书记在会见中国女排代表时，高度赞扬中国女排"在赛场上展现了祖国至上、团结协作、顽强拼搏、永不言败的精神面貌"，强调实现体育强国目标要大力弘扬新时代的女排精神。

3.6 顽强拼搏

顽强拼搏是奋斗不止、积极进取的人生态度和高度的工作责任感的具体体现。顽强拼搏是中国体育的优秀传统，不屈不挠、砥砺奋进是中国体育人的行为方式和重要标识。习近平总书记指出，"我们的国家，我们的民族，从近代积贫积弱一步一步走到今天的发展繁荣，靠的就是一代又一代人的顽强拼搏，靠的就是中华民族自强不息的奋斗精神"。

2016年8月25日，习近平总书记对中国体育代表团说道："我国体育健儿在里约奥运会上的表现，展示了强大正能量，展示了'人生能有几回搏'的奋斗精神。实现两个一百年奋斗目标、实现中华民族伟大复兴的中国梦，就需要这样的精神。要在全社会广泛宣传我国体育健儿在奥运会赛场上展现的拼搏精神，使之化为全党全国各族人民团结奋斗的强大精神力量。"

♥ 教学案例："无高不可攀，无坚不可摧"的人梯精神

1960年，在面临缺乏经验、装备落后、苏联单方面宣布退出联合攀登行动等重重困难下，中国登山队开始攀登珠穆朗玛峰。5月25日，队员王富洲、屈银华和贡布不顾天寒地冻、高山缺氧，成功登上世界第一高峰，最终把五星红旗插上了珠穆朗玛峰；队员刘连满发扬"人梯精神"用肩膀做梯子将队友送上去，完成中国历史上第一次从北坡登顶珠穆朗玛峰的壮举。中华体育精神在那些艰难岁月中，不仅没有偃旗息鼓、影响式微，反而在逆境中受到激发，迸发出震撼人心的强大力量，产生了广泛的社会影响力。

风霜染白了登山队员们的发际，虽然登山给他们的肢体留下了残缺的痕迹，但谈起那次一生难忘的登顶经历，队员们却依然自豪、心怀满足。"就为争这一口气，我们玩了命也要登上去！"

> 1975年3月，我国登山队重登珠穆朗玛峰，有9人最终登上峰顶，用实际行动为国家赢得荣誉，弥补了1960年中国登山队摸黑登顶时无完整图片资料的缺憾。
>
> 回忆往昔，队员们话音依旧铿锵有力。他们攀登的不仅仅是世界最高峰，更是中国人的信心和决心。为什么要登山？登上去，为了荣光！攀登精神，永不磨灭，这是鼓舞人心的正能量，更是不忘初心的坚定理想与信念。

四、在课程改革中加强体育与思政教育的有机融合

习近平总书记在全国高校思想政治工作会议上强调，高校思想政治理论课要坚持在改进中加强，满足学生成长发展需求和期待，其他各门课都要守好一段渠、种好责任田，使各类课程与思想政治理论课同向同行，形成协同效应。习近平总书记的此番讲话，为高校体育课程与思政的融合发展指明了方向。以下途径可以推进高校体育课程思政建设，实现体育课程与思政教育的有机融合。

4.1 科学设计体育课程，构建思政目标

体育教育思政类课程需要建立一个基本的价值目标体系，遵循从上到下的逻辑层次。《高等学校课程思政建设指导纲要》（以下简称《纲要》）明确指出，体育类课程要树立健康第一的教育理念，注重爱国主义教育和传统文化教育，培养学生顽强拼搏、奋斗

有我的信念，激发学生提升全民族身体素质的责任感。结合以上思路，以户外教育为例，学校在建立户外教育的课程时，要注重对提高生命教育的认识，将提高学生身体素质、促进学生健康发展放到首位。与此同时，也要培养学生顽强拼搏、团结互助的精神，在课程学习的过程中让学生认识到在面临挑战和困难之时，利用集体的力量的重要性，最终实现个人价值观的塑造和完善。

4.2　提高体育教师的育人意识，推动学科融合

课程思政建设的重点在于将思政课程的价值观念和专业体育知识进行有机融合。课程思政的核心元素是真善美，如何激发学生在体育类课程中寻找知识和追求真善美的热情至关重要。体育类课程教师应发挥专业优势，将自身教学实践和对体育运动的理解进行整理并进行跨学科交叉合作，与思政、环境、生命科学等学科教师协同，挖掘体育运动中的真善美元素。双方从理论和实践两个方面进行学科融合，实现优势互补，促进体育思政课程育人目标的实现。

4.3　提高体育教师的知识储备，讲好体育故事

推进高校体育课程思政建设还需要提高任课教师的知识储备，使其掌握大量关于体育精神的素材，讲好体育故事。在体育运动课程中，教师团队可以根据运动故事、网上收集的视频素材以及实地采访的素材资料建立案例库，供学生学习。仅知识储备好还不够，还需要会"传道授业"。教师可以设计恰当的教学情景，以促进学生对特定体育精神的理解，同时，也能增加课程趣味性。恰当的教学情景，能让学生在体验课程的同时增强对体育

运动的兴趣，还能在提升课堂教学效果的同时培养学生对体育运动的热情。

> **教学案例：红色体育课程思政**
>
> 红色体育是将中国共产党领导下具有爱国主义内涵的战斗、劳作、工作等活动进行体育特征再创造，通过学生体验、锻炼和竞赛展现红色文化和精神。
>
> **思政学习要点：**
>
> 1. 建立主题体验、情境体验、冒险体验、团队体验等多种体育运动形式，在课程中形成互动与互补。
>
> 2. 构建红色体育课程思政和思政课程的协同模式。
>
> 3. 构筑红色体育课程思政的项目主题，创建红色体育课程思政的复合生态模式。
>
> 4. 突出红色体育课程思政设计的"爱玩、愿练、会用"评价体系与学校德育教育目标的一致性。
>
> 5. 强化红色体育思政课程引领学生身体能力的培育导向和结果实现。
>
> **教学方法创新：**
>
> 1. 通过情景模拟与道具使用，增强学生对课程的好奇和兴趣，提高学生的参与度。
>
> 2. 通过有目标、有计划和有方法的训练，达到"能玩会用"的目标和结果。在参与红色体育课程的过程中，完善体育与思想、品德和智力的有机结合，实现"体思双升、体德双修、

体智双优"的"体教融合"目标。

3. 通过主题体验、情境体验、冒险体验和团队体验学习，让学生在身体、心理和社会交际等方面得到全面的锻炼。

教学案例素材：

1. 课程思政融合实践路径：红色体育以党史、改革开放史、社会主义发展史等为背景，将户外游戏、军事操练、生产劳作、危机应对、文艺宣传等创编为体育活动融入课程思政教学，完成"立德树人"的育人目标。引导学生在体育活动中增加对红色历史的认识，弘扬爱国主义精神。

2. 融合红色元素与体能锻炼，提高学生身体锻炼的效果：主要强调训练环境、器材环境、场地环境、情景环境等。通过红色体育的训练和比赛，在运送物资、跨越壕沟、伤员营救、手榴弹投准等活动中，学生的跑、跳、投等能力均能得到很好的锻炼。

3. 教学实践中的具体实践路径包括：

(1) 通过扔手榴弹比赛、南泥湾大生产、朱德的扁担、英雄炸碉堡等活动进行有组织的训练和比赛，使学生掌握基于军事体能、应对灾害、增强劳作、调适心理、探寻思政等相关的知识，达到"体思双升"的教育目的。

(2) 红色主题体验学习提供了一个把抽象的概念具象化的机会。主题是概念选择的基础，不同主题会有不同的学习概念，红色主题里的概念主要围绕革命时期、新中国建设时期关于艰苦、勇敢、追求、奋斗等展开。在学生分组时可分别建立"军民团结艰苦奋斗"的"井冈山支部"，"不怕艰难坚持胜利"

的"长征支部","改变作风提高素质"的"延安支部","艰苦奋斗、勇于开拓"的"北大荒支部","谦虚谨慎戒骄戒躁"的"西柏坡支部"等。让学生通过查找资料,在团队展示时介绍支部文化,通过队员身体组合的"革命雕塑"造型介绍所在支部代表的红色事件和红色根据地,就可以很好地感受团队建设与红色体育课程思政的融合。

(3)通过情景模拟创建学习情境是红色体育课程活动的前置内容,运用情境教学法是红色体育课程思政的典型特色。将学生时代学习过的革命文章情景设计成活动情境,将其中的知识点设计成可以用身体参与的游戏,让学生在红色情境中体验和挑战项目任务,是红色情境教学课程设计和课堂教学的常见形式。例如,"抽板过河"让学生体验红军长征中飞夺泸定桥的情景;结合许世友将军的大刀故事,身着红军军装练习红军大刀,使学生有身临其境感。这些活动都使学生们锻炼热情有显著提高。

(4)冒险体验是红色体育课程思政建设的突破重点。中国革命的历史本身就是一部冒险史,每一次抉择都是一场冒险,和个人的生命、组织的命运息息相关。红色体育冒险活动是红色体育课程思政建设的突破重点,主要项目有盲攀软梯、大摆荡、溜索运粮,以及重走长征路、团队毅行、团队求生等。

4. 以人为本的设计与评估原则。红色体育课程的研发标准结合学生"爱玩、愿练、会用"即"自愿参与、自觉锻炼、能玩会用"进行设计和评估。自愿参与是学生积极、主动、期待和喜欢参与这类项目，不用劝说、要求、考核和强迫学生，学生自觉自愿地参与到红色体育课程中，也包括学生在活动感悟、思想觉悟、理念领悟等体育课程思政的推动中没有阻抗地自愿参与。自觉锻炼是有目的地通过锻炼获得知识技能的过程，包括重复训练和刻意练习。同一个项目可以在一次体验中运用"成功导向法则"进行多轮次的练习来获得改进和提高。能玩会用是学习的结果，也是学习的目标。能玩会用是自愿参与和自觉锻炼的延续，是态度的养成、技能习得和应用的呈现。

结 语

中华体育精神是体育人为中华民族贡献的宝贵的精神财富，是富于创造、善于团结、勇于奋斗、敢于梦想的中华民族精神在体育领域的重要体现，是"相互理解、友谊团结和公平竞赛"的奥林匹克精神在中国体育实践土壤上结出的丰硕果实，作为体育人高度认同的行业价值观，已成为新时代中国精神的具体体现。中华体育精神是新中国体育在实践过程中所体现出来的精神品质，也是中华民族精神和体育精神的有机融合。它既是"中国特色"的体育精神，也是体育领域的"中国精神"。

第二章

厚植家国情怀
——培育和践行社会主义核心价值观

学习要点

1. 熟练掌握"富强、民主、文明、和谐"的社会主义核心价值观在国家层面的体现；

2. 熟练掌握"自由、平等、公正、法治"的社会主义核心价值观在社会层面的体现；

3. 熟练掌握"爱国、敬业、诚信、友善"的社会主义核心价值观在个人层面的体现。

导 言

党的十八大报告提出，倡导富强、民主、文明、和谐，倡导自由、平等、公正、法治，倡导爱国、敬业、诚信、友善，积极培育社会主义核心价值观。这"三个倡导"高度概括的 24 字社会主义核心价值观是国家、社会和个人层面的价值目标、价值取向和价值准则，是社会主义核心价值体系的高度凝练和集中表达。党的十八大以来，中央高度重视培育和践行社会主义核心价值观。习近平总书记多次作出重要论述、提出明确要求。2014 年，他在北京大学师生座谈会上的讲话中提到，"核心价值观，承载着一个民族、一个国家的精神追求，体现着一个社会评判是非曲直的价值标准""青年的价值取向决定了未来整个社会的价值取向，而青年又处在价值观形成和确立的时期，抓好这一时期的价值观养成十分重要"。培育和践行社会主义核心价值观教育是基础，坚持立德树人是教育的根本任务，扎实提升学生核心素养是教育实践的路径。体育教育是学校教育的重要组成部分，具有健体育人、促进"知行合一"的功能，为培养和提升体育情怀提供了沃土。因此，也要将培育和践行社会主义核心价值观合理地融入大学生体育教育中。

一、国家层面：富强、民主、文明、和谐

在运动赛场上拼搏的健儿们为国争光、站稳立场、崇尚科

学、健康第一,这与社会主义核心价值观"富强、民主、文明、和谐"的价值要求不谋而合。学习这些运动健儿的事迹,能够激发大学生的爱国热情。正如习近平总书记所言"体育是提高人民健康水平的重要手段,也是实现中国梦的重要内容,能为中华民族伟大复兴提供凝心聚力的强大精神力量"。体育振奋人心,彰显家国情怀。

1.1 是个人冠军,更是集体荣耀——乒乓球

乒乓球作为新中国成立后最先达到世界顶峰的球类项目,长盛不衰,为国争光。一代代球员、教练员和从业人员不忘初心,牢记使命,接续奋斗,以始终如一的使命感、责任感引领我国乒乓球事业发展,坚定捍卫其国球荣耀,为我国乒乓球事业发展作出巨大贡献。

1. 冠军传承,使命在肩

1959 年,在第 25 届世界乒乓球锦标赛上,容国团过关斩将,稳住心态,充分发挥优势,采取调动对手、抽击两边大角战术,最终以 3∶1 获胜,荣获此次世界乒乓球锦标赛男单冠军,成为新中国体育史上第一个世界冠军,翻开了中国乒乓球史崭新的一页。这是新中国诞生后的第一个世界冠军,这次世界冠军的取得极大地提升了国人信心,激发了中国人民强烈的爱国主义与民族主义热情,也向全世界宣示中国乒乓球运动开始在世界崛起。

容国团等老一辈乒乓球国手在国际赛场屡创佳绩,播下了中国乒乓球长盛不衰的种子,一代代乒乓球人接续奋斗,续写辉煌。60 多年来,世界冠军传承是国家队每位乒乓球员坚定的追

求，每一次世界冠军的获得都离不开这支有着光荣传统的功勋队伍集体中每一员的努力。"大满贯"丁宁曾说过，"每一个世界冠军都不是一个人在战斗，而是背后站着一个强大的祖国和一大批无私奉献的人们"。

2. 集体荣耀，奋斗有我

中国乒乓球团队里不仅有为国出战的主力，还有默默无闻的陪练，但无论何种身份，所有队员们都深谙：中国乒乓球队是一个集体，是整个团队在与世界争锋。国际乒乓球联合会终身名誉主席徐寅生在接受人民网采访时表示："在我做运动员时期，毛主席几次接见我们。周总理也经常来鼓励乒乓球队。党和国家给了我们很多荣誉。每当我们遇到困难时，一想到祖国人民的信任和期待，就会变得动力十足。在祖国荣誉、集体荣誉面前，每一位乒乓人都抛下私心杂念，心甘情愿为集体贡献全部力量。一支队伍的强大，没有集体主义精神是不行的。"集体主义精神是中华民族精神不可或缺的组成部分。一代代乒乓人秉承着集体利益高于一切的信念，在一项以个人技能为主的运动中，淡化个人得失，坚持祖国荣誉至上，心甘情愿为团队贡献一切力量。这也是中国乒乓球队能够一直屹立世界之巅的重要原因。

自1952年中国乒乓球队成立以来，在党和国家领导人的亲切关怀和全国人民的热情支持下，中国乒乓球队由弱到强，缔造了一个长盛不衰的历史奇迹。从1959年容国团夺得第一个世界冠军开始，一代又一代乒乓国手以强烈的爱国之心和报国之志，向世界乒坛高峰发起全面冲击，并数次在世锦赛和奥运会的舞台上重演包揽全部金牌的辉煌时刻，在世界乒坛筑起了一道难以逾越的乒乓长城。

1.2 学习冠军精神，汲取奋进力量——北京大学冠军讲堂

在中国共产主义青年团成立一百周年之际，为深入学习贯彻习近平总书记系列重要讲话精神，北京大学团委开展"喜迎二十大，永远跟党走"主题教育。2022 年，北京大学校团委联合创新创业学院和体育教研部共同开设"冠军讲堂"——"体育文化与创新精神"课程，创新体育育人形式，贯彻"五育并举"。

课程邀请体育文化领域领军人物分享冠军之路的心得体会，促进冠军精神走进校园，帮助学生从体育运动中汲取成长的力量，引导青年学子奋勇拼搏，磨砺意志，增强心理素质，勇做走在时代前列的奋进者、开拓者、奉献者，以奋斗与实干开创未来，成为新时代德智体美劳全面发展的新青年。

课程首期和第二期分别邀请了乒乓球世界冠军刘伟、丁宁分享冠军之路心得体会，引导北大学子成为"德才均备，体魄健全"的新青年。刘伟讲述了乒乓球为什么能成为国球，并阐述了体育精神和冠军精神，激励同学们追求卓越。丁宁在讲述中回忆了自己向北京队前辈的学习、从球队 3 号到 1 号的心态变化，分享了团队给自己带来的进步。这是冠军传承的力量，这是为国争光的信念，这是社会主义核心价值观的完美融入。讲座反响热烈，深受学生好评。

课程第三期则邀请了花样滑冰世界冠军佟健，他讲述了自己的梦想是能在奥运会的舞台上，代表这一代的冰雪人，向世界展示个性和能力。佟健表示他非常享受比赛，喜欢有激情和活力的胜利。以佟健为代表的我国冰雪人不仅追求为祖国争光，为民族

争气，而且弘扬了社会主义核心价值观，向世界展示了中国精神，展现了民族的凝聚力、向心力和自信心。同学们通过讲座汲取了精神力量，纷纷表示要在自己的学习科研领域中发光发热。

这也给予我们启示：高校体育课程可以因校制宜，充分利用榜样的正能量，邀请优秀运动员、教练员、裁判员通过个人技能、道德素养、人格魅力等方面的展示，来传播"正效应"的社会主义核心价值观，引领大学生对标先进榜样，树立正确的世界观、人生观、价值观，展现自己的良好风貌。

二、社会层面：自由、平等、公正、法治

"自由、平等、公正、法治"代表着社会层面的价值准则。我国的体育精神强调每一位参与运动的人都要"全面发展、团结友爱、遵纪守法、公平竞争"，这一精神不仅与国际奥林匹克主义不谋而合——让体育运动为人的和谐发展服务，共同建立一个维护人的尊严与和平的社会，更是符合社会主义核心价值观在社会层面的价值准则。"体育是人生最好的学校"，其本身所蕴含的公平、竞争、拼搏等元素，体育人身上潜藏的奉献担当、社会责任等美好品质，对当代大学生的思想与品德建设起着不可或缺的引领作用。

2.1 体育课程创新与优化

《高等学校课程思政建设指导纲要》指出，全面推进课程思政建设，就是要寓价值观引导于知识传授和能力培养之中，帮助学生塑造正确的世界观、人生观、价值观，这是人才培养的应有之

义，更是必备内容。这就要求体育课程在理论教学观念和教学内容方面要不断发展更新，要优化体育课程教育教学模式，从而提高高校体育课程育人育德功能，让体育成为培育和践行社会主义核心价值观的有效途径。

对于社会主义核心价值观的社会层面的积极价值在大学生体育环境中的浸润需要充分发挥教师的主导作用。一方面，体育教师无论在知识技能、运动经验还是品行修养方面，都要建树起榜样的作用。体育教师要坚持"立德、立言、立行"的统一，改变单纯的"一味说教"为"身体力行"，防止"纸上谈兵"流于形式。体育教师也可以通过创新榜样引领方式进行社会主义核心价值观教育。高校体育课程要充分利用榜样的正能量，比如，邀请优秀运动员通过个人运动技能、道德素养、人格魅力等方面的展示，传播正效应的社会主义核心价值观，引领大学生对标先进榜样，树立正确的世界观、人生观、价值观，展现自己的良好风貌。

另一方面，体育教师需要通过创新课外体育活动，突出学生的主体地位，进行社会主义核心价值观教育。高校体育课程既要考虑增强身体素质、提高技巧技能的传统项目，又要考虑趣味性和学生群体多元化的体育需求，科学设计、深入挖掘体育课程中蕴含的人文内涵和教育价值等内容，保证社会主义核心价值观内容有效渗透在体育课程中。比如，体育课具有严格的规章制度，教师们可以合理引导学生在体育课堂上遵守课堂纪律，从而培养良好的守法守则意识；在体育课程中进行的比赛有利于培养学生对规则的尊重和遵守，也可以培养学生自律自制信念。并且，任何人在体育活动中都是平等的，体育课中应当坚持公正、公平和公开的核心价值标准。要引导学生树立正确的体育锻炼意识和体育课程观念,将体育课程的内容与人才培养相联系,将自由、平等、公正、法治等价值观教育寓于体育运动中,使学生在掌握体育知识和技能的同时,将学习内容和做人做事的道理联系起来,让体育课程真正起到价值引领的作用。

高校体育课程可以将团体性体育项目所蕴含的团队协作、以团队利益为重、相互尊重、相互宽容等精神编排进教学大纲,使学生在小组合作中体会团结、平等、和谐等精神,使其对社会主义核心价值观的认识从感性飞跃为理性。例如,在篮球、足球、排球课程教学中,强调团结合作、公平公正、依法守则等价值观,将社会主义核心价值观与体育精神建立紧密而又生动的联系,帮助学生从内心深处认识到社会主义核心价值观在指导学习、锻炼等实践过程中的实际意义,明确树立社会主义核心价值观将有助于个人正确价值观、人生观和世界观的树立,进而发挥课程思政的作用。

2.2　校园及课外文化的体育思政浸润

课外体育活动是高校体育课程的延伸,高校体育可以通过举办各类体育会展及文化节等多种渠道为建设体育文化创造良好的文化氛围,在校园中营造出社会主义核心价值观教育的环境氛围。校园体育文化实质上就是规则的文化。无论是竞技体育比赛,还是阳光体育活动,都是规则意识和规则文化的体现,而公平公正精神就是对规则的根本性规约。在体育比赛中表现出尊重对手、尊重裁判、遵守规则的行为,营造一个规范、公平、公正的比赛环境,以及赛场上运动员为实现同一目标团结拼搏的精神可以引导大学生培养规则意识,增强法治观念,增强集体荣誉感，有利于形成平等、公正、法治的社会秩序，促进社会和谐发展。

此外，通过大学与国家赛事、国际赛事的融合也能为体育思政赋能。以2022年的北京冬奥会为例，北京大学的学生们在奥林匹克大家庭助理（Olympic Family Assistant，OFA）岗位上担当志愿者。奥林匹克大家庭助理的服务对象是国际奥委会、各国家（地区）奥委会、各运动项目国际联合会的成员等，与"助理"身份相对应，OFA志愿者将服务对象称为"客户"。其中有一部分志愿者被分配到反兴奋剂相关岗位担任反兴奋剂陪护员，其主要工作是寻找并全程陪护运动员至检查站接受检查。每天的工作流程一般是：接到上级部门制订的检查计划后，在目标运动员的计划训练和比赛时间之外寻找到他们，找到后履行通知程序，包括告知检查类型、核验基本信息、确认权利义务、签字等环节，最后全程陪护运动员进入兴奋剂检查站，过程中遵循事先无通知原则。陪护工作结束后，取样、样本运送等环节将由专业的检查官完成。这项任务除了需要具有仔细、耐心、友善等品质之外，对于陪护员的专业能力也是一个不小的挑战，工作期间需与运动员、代表及翻译直接进行交流，而对于通知程序中使用的专业术语的要求较为精确，陪护员必须具备非常高的语言能力，才能将工作做好、做优。

反兴奋剂陪护员需要在陪护员和志愿者的双重身份间保持一种微妙的平衡，因为这个岗位要求志愿者在工作的时候既需要与运动员保持距离，遵守规则，又要不忘向运动员呈现热情、传达关怀。志愿者们不仅要与各国运动员、教练进行交流，还要在严苛的流程标准和时间限制中全力以赴地完成陪护运动员进行兴奋剂检查这项严肃而重要的工作。这在给志愿者带来挑战的同时，也让他们认识到了体育赛事中与各类人平等交流的重要性以及体育运动公正和法治的真正意义所在。

三、个人层面：爱国、敬业、诚信、友善

2016年10月，中共中央、国务院印发了《"健康中国2030"规划纲要》，该文件着重强调了需加大学校健康教育力度，"将健康教育纳入国民教育体系，把健康教育作为所有教育阶段素质教育的重要内容"。2018年，习近平总书记在全国教育大会上的讲话中强调"要树立健康第一的教育理念，开齐开足体育课，帮助学生在体育锻炼中享受乐趣、增强体质、健全人格、锤炼意志"。大学生作为未来建设祖国的主力军与顶梁柱，加强健康素质教育的重要性不言而喻。而"健康素质教育"的内涵不仅包括身体素质方面的教育，还关乎"健全人格"方面的教育，正如蔡元培先生所说，"完全人格，首在体育"，高校的体育课程思政建设要承担起这一重任，以运动和体育为媒介，向大学生传达正确的价值观念。

"爱国、敬业、诚信、友善"代表着个人层面的价值准则，我国的体育运动员身上表现出"爱国爱党、顽强拼搏、守正笃实、健全人格"的美好品质，契合社会主义核心价值观，值得大学生深入学习。因此，在高校体育课程思政建设中，应以课堂教学为阵地，以体育活动体验为平台，以校园体育文化熏陶为载体，潜移默化地引领学生的价值观，增强大学生践行社会主义核心价值观的自觉性与有效性。

3.1 "觉醒年代"校园定向主题活动

百年来中国共产党与中国人民同呼吸共命运，电视剧《觉醒年代》为我们翻开历史的卷轴，带我们体会了最真实的历史，最动人的青春。为了让学子们重温中国共产党的建党历史，北京大学体育教研部于2021年4月推出"觉醒年代"主题定向越野运动，北大学子用脚步丈量燕园，重走先贤创业道路，赓续红色血脉，践行社会主义核心价值观。

定向运动是一项集健身、娱乐、知识、竞技和国防教育于一体的新兴体育项目，是一项充满探险和刺激的大自然活动。参与者利用地图和指南针到访地图上所指示的各个点标，以最短时间到达所有点标者为胜。由于定向运动是集体力和智力于一身的比赛方式，因此被人们称为"智勇双全"的运动，通常在森林、郊外和城市公园里进行，也可在大学校园里进行。该运动起源于北欧，于1994年传入我国，目前已风靡全球。它独具特色，充满趣味性，深受广大学生的喜爱。学生参与定向越野运动，不仅可以强身健体，丰富地图地理知识，培养独立分析问题、解决问题的能力和良好的逻辑思维能力，还可以培养学生的竞争意识、生存能力，启发智力，磨炼意志。我国优秀的定向越野运动选手大多来自高校。

定向越野运动中蕴含的体育精神、竞技精神是体育课程思政教学中的重要组成部分。它能够有效培育参与者不畏艰难、坚持不懈的道德品质和英勇顽强、团结一致的优良作风。此外，定向越野运动对于地图的大量应用也有助于补上国民教育体系中领土意识、版图意识缺失的短板。"天下虽安，忘战必危"，当前形势下，开展包括定向运动在内的军事体育，不仅有助于培养同学们的国防意识，增强同学们的能力素质，为保卫祖国打下坚实的身心基础，而且以一种别开生面的方式宣扬了以爱国主义为核心的民族精神，在同学们心中播撒下了社会主义核心价值观的种子。

正因定向运动将锻炼身体、练习决策、促进合作、熟悉校园、思政教育等诸多功能融为一体，它成为各大高校举办大型活动或国防教育的重要选择。此次北京大学体育教研部推出的"觉醒年代"主题定向越野运动，就是将思政内容与体育运动、家国情怀与学生的身心发展紧密结合，从毛泽东、蔡元培、李大钊、鲁迅、陈独秀五人的历史经历出发，结合电视剧《觉醒年代》内容，设计了五条不同行进线路。线路设计理念以李大钊、陈独秀、胡适从相识、相知到分手，走上不同人生道路的传奇故事为基本叙事线，以毛泽东、周恩来、陈延年、陈乔年、邓中夏、赵世炎等革命青年追求真理的坎坷经历为辅助线，各线路出发地点均不同，各任务点也都选取的是学校中有历史特色的地点。

东方欲晓，星火照耀。历史大潮中，一批接受先进思想的北大青年，率先举起马克思主义旗帜，怀揣共产主义理想，投身中国革命的伟大事业。一百多年前的春天，以北大学生为先锋的爱国青年从红楼出发，写就了"五四运动"的壮阔史诗，点亮了新民主主义革命的曙光。他们促成了早期党组织、团组织的建立，为黑暗的旧中国点亮了革命星火，为民族解放的伟大事业抛洒热血，为共产主义的伟大理想慷慨捐生。本次活动艺术地再现了一百多年前中国先进分子和热血青年演绎的一段追求真理、燃烧理想的澎湃岁月，深刻地揭示了马克思主义与中国工人运动相结合和中国共产党建立的历史必然性。

同学们一方面通过主题活动传承和发扬北大的红色基因与革命传统，学党史、悟初心、启迪心智、砥砺品格；另一方面参加通过合作才能完成的集体性体育活动，增加了人与人之间的交流，获得了愉悦感，增强了自信心。

3.2 "团结起来，振兴中华"——北大学子喊出的时代强音

1981年，北京大学学子喊出了"团结起来，振兴中华"的口号，这口号不仅是北大学子喊出的时代强音，也成为一代青年立志报国的行动宣言，展现了青年学子的拳拳爱国之心。今日重提该口号，是要与祖国和人民一道为实现中华民族伟大复兴的中国梦不懈奋斗。

1981年3月20日，中国队与韩国队的世界杯男排亚洲区预选赛决赛在香港伊丽莎白体育馆进行，这场比赛的获胜方将代表亚洲参加在日本举行的世界杯排球赛。当天下午，北京大学各栋宿舍楼的电视室里，同学们早就已经用小方凳占好位子，等待观看这场激动人心的比赛直播。当晚，中国男排在落后两局的情况下，奋起直追，连胜3局，以3∶2战胜韩国队，获得了世界杯男排亚洲预选赛决赛的胜利，也赢得了代表亚洲参加世界杯排球赛的资格。

这场反败为胜的传奇比赛让围坐在收音机、电视机旁的北大学子们忍不住振臂高呼，兴奋地涌出宿舍、电视室，一时间，燕园门口的马路熙来攘往、人声鼎沸。一开始大家喊的口号是"中国队万岁！"，之后变成"中国万岁！"，后来，有人起头唱起了《团结就是力量》。就在这片人群之中，一位北大同学大声呼喊

道:"同学们,咱们换个口号,喊'团结起来,振兴中华!'大家一齐喊'团结起来,振兴中华!'""团结起来,振兴中华!"在此起彼伏的欢呼声中,越来越多的北大学子不约而同地加入这八个字的口号中来,热血沸腾的誓言,在北京大学校园与中关村街道的上空久久回响。

"团结起来,振兴中华"这个口号由此诞生!这短短八个字,是中国男排一次逆转获胜激起的热血沸腾,是20世纪80年代由北大学子振臂喊出的时代强音,也是北京大学作为思想阵地又一次历史性表达出的民族精神。一人呼而万人应,响彻华夏大地。

"团结起来,振兴中华"这个口号,也出现在当年3月22日印刷的《人民日报》上,成为当时一篇新闻特写的大标题。而这个饱含力量的口号,随即在改革开放初期的华夏大地上迅速传播开来,成为鼓舞中华民族热血奋进的一面鲜红旗帜。

"团结起来,振兴中华",铿锵有力的八个字,不知激荡起多少人浓重的爱国情怀。这短短八个字,堪称民族精神与时代精神的完美结合,也成为一代青年立志报国的行动宣言,成为一个时代集体记忆的价值标签。因这句口号而凝聚的"以一己之奋斗,共亿万之同胞,求中华之振兴"之信念,在中华民族向前发展的历史中历久弥坚、不曾褪色。

时隔三十多年后,口号再度响起。2018年5月2日,习近平总书记考察北大时再次以这一口号勉励青年学子:"我记得,1981年北大学子在燕园一起喊出'团结起来,振兴中华'的响亮口号,今天我们仍然要叫响这个口号,万众一心为实现中国梦而奋斗。"

就在习近平总书记结束对北京大学考察准备离开时，北大师生不约而同地齐喊"团结起来，振兴中华！"这句口号见证了中华民族伟大复兴从筚路蓝缕的艰苦奋斗到成果辉煌的崭新时代。它将继续作为时代强音，向世界宣告中华儿女对实现祖国腾飞的信念与决心。

总体而言，公民个人层面的社会主义核心价值观内容——"爱国、敬业、诚信、友善"，为高校体育精神——"担当、务实、奉献、分享"指明了方向，而后者又为前者提供了抓手。

结　语

高校课程思政教育要构建全员、全过程、全方位育人格局，充分挖掘体育赛事中蕴藏的爱国主义教育元素，邀请体育冠军进校园、讲述体育人才故事、开展体育志愿服务等活动，引导青少年学习榜样力量，厚植家国情怀，把国家、社会、公民的价值要求融为一体，提高个人的爱国、敬业、诚信、友善修养，自觉把小我融入大我，不断追求国家的富强、民主、文明、和谐和社会的自由、平等、公正、法治，将社会主义核心价值观内化为精神追求、外化为自觉行动，为体育强国建设贡献正能量。

第三章

传承文化基因，弘扬民族传统体育的时代价值

学习要点

1. 理解民族传统体育千百年来的历史发展与现代传承；

2. 把握民族传统体育包括爱国主义与集体主义精神、英雄主义精神、人本主义精神、崇尚礼仪的武学风尚等丰富的精神内涵；

3. 熟悉民族传统体育在中外交流中的传播价值。

导　言

民族精神是一个民族发展进步不竭的源泉，是一个民族自立于世界民族之林的支柱。中华文明绵延数千年，有其独特的价值体系。中华优秀传统文化植根在中国人内心，潜移默化影响着中国人的思想方式和行为方式。习近平总书记在十九大报告中提出，要坚定文化自信，推动社会主义文化繁荣兴盛。没有高度的文化自信，没有文化的繁荣兴盛，就没有中华民族伟大复兴。体育作为人民群众增强体魄、愉悦精神、锻炼意志、塑造品格、交流情感的重要活动，对人类社会的发展产生了重大而积极的影响，受到了各国人民的喜爱和各国政府的重视。习近平总书记认为，社会主义核心价值观，只有从中华优秀传统文化中汲取丰富营养，才会有强大的生命力和影响力。

一、民族传统体育的文化基因与现代传承

1.1　民族传统体育的文化基因

民族传统体育既是人类体育文化的组成部分，又是民族传统历史文化的重要内容。民族传统体育文化是指在一个民族衍变的历史过程中，人们通过社会体育实践创造和保存的一切体育活动形式、体育精神和体育制度的发展水平、程度和质量的总和。民

族传统体育文化在中国传统文化的土壤中生长，与中华民族的民族精神密切联系。在强身健体的同时，传统体育以特有的方式反映着中华民族的历史、文化、风俗和价值观。在体育强国的背景下，进一步认识中华民族传统体育的文化基因与民族精神表达，充分挖掘传统体育文化的内涵，对于继承发扬优秀传统文化、促进新时代社会主义精神文明建设具有重要意义。

大约不晚于距今4500年前，随着先民开始告别原始社会过渡到初期文明社会，古代体育文化也随社会一起开始脱离蛮荒时代，走进了文明时代体育形态的门槛。春秋战国时期，不同国家之间的"合纵""连横"，为思想文化上"百家争鸣"局面的出现提供了广阔的平台。而随着各家学说中体育思想的崭露头角，民族传统体育的主体——各种体育活动形式开始初步形成。射箭、御术、游泳、奔跑、角力、体操、球戏和棋类等体育活动在平民中逐渐流行。

隋唐五代时期，较为完备的封建体制、经济的高度发展和对外来文化的吸收，为体育的繁荣提供了有利条件。而体育活动的丰富内容、各阶层民众的广泛参与以及体育活动的空前发展，又为中华民族传统体育进一步丰富奠定了坚实的基础。当时体育文化的交流和传播，不但促进和丰富了中国传统体育文化的发展，更为东方体育体系的形成奠定了基础，成为中国古代体育文化史上一个具有代表性的黄金时代。

辽宋夏金元时期，各民族经济和文化间的接触、交流频繁，多种体育活动形式竞相发展，异彩纷呈、源远流长的中国传统体育文化的体系化逐步走向成熟。

到了明代，传统武术体系逐渐形成，例如养生体育，它更加重视对前人经验的积累和实践经验的总结。日益成熟的体育活动形式在民间广泛流行,中外体育交流日趋频繁和深入。

进入清代,民族融合进一步发展,为传统体育文化的普及和推广提供了更为广阔的空间。随着清代中后期西方文化的传入和中外体育交流的日益频繁,西方现代体育开始引起国人的注意。与此同时,旧中国积贫积弱、体育落后、国民体质羸弱,备受西方列强欺凌,被蔑称为"东亚病夫"。1908年,《天津青年》杂志的一篇文章向国人发出过著名的"奥运三问",表达了当时体育界对国衰民弱现状的强烈不满。体育代表着一个国家的实力和尊严。在积贫积弱的时代,许多有识之士率先意识到要把体育与救国相连,认为挽救国家民族必须培养新的国民,要以体育推动国民觉醒,促进救国图强。1910年,爱国武术大师霍元甲在上海创立的精武体育总会,就是在内忧外患的情况下,不甘沉沦的社会进步人士做出的救国行动。

1917年毛泽东在《体育之研究》提到:"国力苶弱,武风不振,民族之体质,日趋轻细。此甚可忧之现象也。提倡之者,不得其本,久而无效。长是不改,弱且加甚。夫命中致远,外部之事,结果之事也。体力充实,内部之事,原因之事也。体不坚实,则见兵而畏之,何有于命中,何有于致远?坚实在于锻炼。锻炼在于自觉。""文明其精神,野蛮其体魄。此言是也。欲文明其精神,先自野蛮其体魄;苟野蛮其体魄矣,则文明之精神随之。"可见当时的社会风气是尚武的,社会精英都觉得应该重视体育,有健康的体魄才能有文明的精神,文明的精神和健康的体魄可以拯救整个民族于危亡之中。

道德观念对民族传统体育文化传承的影响是潜在的、无形的。传统文化的人文精神突出人的社会性,强调集体主义,弱化个人主义。传统体育文化多以伦理道德确定体育活动中人与人、人与社会的互动关系，以社会为基准定位自我，尤其是武者，惯以"天下兴亡，匹夫有责"为己任。在传统武术多种派别的不同教育形式中，仁、爱、忠、恕始终是其教育的重要内容。武者通过习练武艺，传承一种精神和意志，从学艺上升到求道，通过练习与交流活动所承载的伦理道德来教化社会，进而实现济世安邦的人生理想。

教学案例：历史悠久的毽球运动

毽球运动是在我国民间踢毽活动基础上发展起来的民族传统体育项目，在多个少数民族群体中有着不同的活动方法及称呼，有多个民族称其为花毽，侗族则称为"哆毽"。民间踢毽活动起源于汉代，盛于六朝、隋朝，至今已有2000多年的历史。

1947年广州市的三轮车工人闲暇时，结绳代网进行"隔网"对抗的踢毽比赛。新中国成立后，广州市体委对这一隔网对抗的踢毽活动予以充分肯定和大力支持，并作为一种体育比赛活动普及发展起来。20世纪八十年代当时的国家体委经考察将以往的"网毽"活动定名为"毽球"运动，并且列为国家正式的比赛项目。1995年在第五届全国少数民族传统体育运动会上毽球被列为正式比赛项目。迄今为止，这一优秀的民族传统体育项目，一直深受广大人民群众和外国友人的喜爱和欢迎。毽球的基本动作是盘、磕、拐、蹦，有前踢、后踢、内踢、外踢、倒着踢、头顶、胸触等几十种踢法。

在踢毽过程中，毽子上下翻飞、动静结合、阴阳互易。毽子的"拧、倾、曲、圆"是内收技术，而"磕、蹦、拐、跳"

等动作则具有向外趋势，毽子在各种套路的组合中，刚柔相济、阴阳互补。踢毽也注重内修，注重自身体内的阴阳平衡，以达到养生的目的，具体为：体内（阴）外（阳）通过呼吸（吐纳），排除体内浊气、吸取真气，以达到内外平衡；通过左边击毽（阳）身体右倾（阴），右边击毽（阴）身体左倾（阳）等动作，使得左（阳）右（阴）的人体能量相互交融，生生不息，同时也使得体内五脏（阳）通达，六腑（阴）协调。

毽球运动作为民族传统体育的重要组成部分，与民族同呼吸共命运。1936年上海女运动员翟连源在第11届柏林奥运会上表演踢毽子，连踢了二三十种花样，被誉为"神奇得令人难以置信的高超运动技艺"。新中国成立后，踢毽子得到了很好的保护和发展。1950年，北京市组织踢毽子艺人参加杂技团，进行踢毽子节目表演，受到了热烈欢迎。1963年，踢毽子同跳绳等其他活动，被列入国家提倡开展的体育活动。2008年北京奥运会期间，奥运羽毛球场馆举行了踢毽子表演，有力地促进了东西方文化的交流。

毽球运动既有竞技性，又富有民族特色，对腰腿及关节灵活性的锻炼效果显著，男女老少都能参加，且场地要求也较简单。通过训练，能促进速度、灵敏、弹跳、耐力等人体素质，有助于提高人体中枢神经系统和内脏各器官的功能，培养勇敢、顽强的优良品质。20世纪末，国际毽球联合会在越南成立，目前中国毽球运动已经传播到了三十多个国家和地区。毽球运动的国际化对中国传统体育文化的国际化推广，弘扬中华传统体育精神起到了推动作用。

1.2 民族传统体育的现代传承

人无精神则不立,国无精神则不强。精神是一个民族赖以长久生存的灵魂,唯有精神上达到一定的高度,这个民族才能在历史的洪流中屹立不倒、奋勇向前。民族性格和民族精神是民族团结、凝聚力和归属感的内在源泉,也是民族传统文化的内核。在当前社会变迁的环境下,当通过开展各种各样的传统体育活动以塑造加深民族民众的民族性格意识。

2021年11月,《中共中央关于党的百年奋斗重大成就和历史经验的决议》,明确提出要"加快体育强国建设,广泛开展全民健身活动,大力弘扬中华体育精神"。这次决议将中华民族传统体育的内蕴价值和重要性提升到前所未有的新高度。中华传统体育所体现出来的价值观,与社会主义核心价值观是一致的,充分彰显了中华体育健儿积极拼搏的奋斗力量,以实现中华民族伟大复兴为动力源泉、以尊重人民主体地位为根本宗旨和以构建人类命运共同体为美好夙愿,在新时代焕发出了昂扬奋进的精神风貌。

中华传统体育的现代传承是我们在引进、消化、创新和发展现代体育运动实践中逐步产生和积累的精神成果。发轫于西方文化传统的现代体育精神对当代中华体育精神的形成产生了巨大的影响。但当代中华体育精神不是对现代西方体育精神的简单复写,而是将其移植于中华文化的沃土,在其自觉与不自觉地遵循中华民族精神的要义时,产生了筛选与变通,打上了民族的烙印。传统体育集健身性、竞技性、娱乐性、民族性、艺术性于一体,很好地反映了中华民族的民族心理、精神气质、哲学思想、文化艺术、伦理道德、价值观念。

2013年，习近平总书记在会见全国体育先进单位和先进个人代表等时强调，中华体育精神的内涵是"为国争光、无私奉献、科学求实、遵纪守法、团结协作、顽强拼搏"。这是中国广大体育工作者在长期实践中摸索总结出来的，是我国各类体育项目精神之精髓，也是发展体育强国战略的精神需求和保障，彰显着中华民族伟大复兴之路的精神内涵，如女排精神、乒乓精神等，鼓舞了中华儿女不忘初心、砥砺前行的信心和决心。

在"改革开放40年100名杰出贡献人物"评选中，许海峰、郎平和姚明3位体育明星入选；庆祝中华人民共和国成立70周年之际，王文教、许海峰、容国团3人获得国家"最美奋斗者"荣誉称号，中国女排获得国家"最美奋斗者"荣誉集体。通过一代代体育人走过的体育道路，可以透视体育人对我国体育事业的忠诚和执着。

与此同时，民族传统体育在现代也起到了对外传播的文化使者作用，民族精神在现代社会中的文化交流互鉴并不是将文化简单地位移，它是由内而外的渗透，是中国文化魅力兼容性的体现。2008年在北京举办的第一届世界智力运动会和2010年在广州举办的第十六届亚洲运动会都设置了民族传统体育项目，前者如围棋，后者如武术等，都是我们在增强民族文化影响力、提升国家文化软实力方面做出的有益探索与尝试。

较之直接、硬性的形象传播（如官方对外宣传），民族体育文化传播如武术、太极、龙舟、围棋、健身气功等项目的国际交流与合作则是对国家形象的间接、柔性塑造，它能以润物细无声的方式，潜移默化地化解文化猜疑与文化偏见，使世界在感受中国文化独特魅力的同时，认同一个和平崛起、文明发展的大国形象。例如，近年来，国家体育总局健身气功管理中心为促进健身气功"走出去"，采取了"举办知识讲座、表演展示功法、组织技术培训"等方式。目前，拥有102个会员组织、覆盖五大洲51个国家和地区的中国健身气功协会，先后组织了赴美国、法国、意大利等国家和地区开展健身气功交流与推介活动，有效促进了健身气功在国外的传播。再如，中国的龙舟运动在澳大利亚、日本、英国、美国、加拿大及东南亚一些国家设立了专门的组织，并举办了多场有影响力的国际龙舟比赛，彰显了民族传统体育的魅力，促进了世界对中国文化的了解。

当今时代，中华体育精神不仅回应了中华民族伟大复兴的时代要求，而且扩展和丰富了整个人类的体育精神宝库。通过发展以人民为主体的体育事业，满足国民的多元化、多层次体育需求，不仅能激发国民的荣誉情感、爱国情怀，还将政府、政党与人民紧紧连接在一起。

> **教学案例：全国民运会百花齐放，和合与共**
>
> 民族国家建设是保持国家稳定、维护民族团结和社会发展的首要任务。民族传统体育的发展应服务于民族国家建设，在认同国家主权、维护国家尊严、满足国家利益的前提下，彰显民族文化魅力，体现民族文化记忆，张扬民族文化个性，表达民族文化情感。民族传统体育活动是各民族兴旺发达、繁荣昌盛、幸福美满的象征。组织少数民族传统体育活动，使各民族

欢聚在一起，既尊重少数民族风俗习惯，有利于民族团结，又增强了民族自信心、自豪感。

2018年，国家体育总局国家民委印发《关于进一步加强少数民族传统体育工作的指导意见》的通知，进一步增强了民族传统体育作为桥梁的作用，鼓励举行一系列活动以增强民族的凝聚力，也给不同民族的人们提供了交往的机会，让各族人民通过全国少数民族传统体育运动会（以下简称"民运会"）等形式交流彼此的技艺、文化、思想，促进了民族间的交往。

我国从1953年开始，每四年举办一届全国民运会。该项赛事以民族性、广泛性和业余性等特点，为我国民族团结发展事业做出了贡献。民运会上展示的部分体育项目早已成为我国传统文化的"活化石"，兼顾"民族共性"与"民族个性"已然成为民运会项目设置的特征之一。每届赛事的举办都有自己的亮点，不同时期的赛事特点与特定时期的经济、文化等社会发展水平密切相关。民运会的成功举办，为我国少数民族体育的进步书写了新的华章，为铸牢中华民族共同体意识注入了新的动力。

在民运会上，民族传统体育以其科学健康的价值为指向，用竞赛项目和表演项目两种参赛方式，向大众展现民族传统体育的魅力。

在竞赛项目中，各参赛队员展开力量、速度、耐力的角逐，挑战自我的最高竞技水平。例如，民族马术与射弩项目，展示了少数民族人民奋发向上的进取精神。独竹漂项目体现了运动者的综合身体素质和心理承受能力，考验意志品质与胆量，激发人们征服大自然的拼搏精神。

在表演项目的评分标准上，不仅需要动作的优美呈现，更多的是要体现该民族、该项目的历史背景与民间叙事，各地区队伍在编创表演项目时，主动挖掘项目背后的文化意蕴，展示祖辈们拼搏奋进的精神品质，以舞台表演的形式打动观众，实现民族体育文化的活态传承。

民运会是对传统"和合"思想的继承与发展。"和合"是指通过"和"的过程达成"合"的结果。民运会作为各民族情感联结的桥梁与精神传递的纽带，继承了"和合"思想，搭建了一个固定的时空场域，将不同背景、不同时代、不同民族、不同地域的中华儿女紧密地凝聚在一起，通过身体文化的表征，调适民族文化的排斥性、适应性、冲突性与融合性，巩固和谐融洽的族际关系。一方面，民运会秉承"平等、团结、拼搏、奋进"的宗旨，激励各地区、各民族在比赛中与时俱进，不断保持本民族文化的先进性与时代性，以"人"为主体传承民族传统体育；另一方面，民运会是民族团结的盛会、群众体育的盛会、促进各民族交往、交融的平台。中国多民族体育精神中的多元价值和丰富实践都为促进人类文明共同体积累了经验，夯实了基础。

民运会在项目设置方面，总体呈现规模不断扩大、项目不断增多、规则不断完善等特征，项目的演变逐渐走向成熟。民运会经过几十年的发展，对少数民族传统体育项目的发掘、保护和弘扬起到了重要的作用。

二、民族传统体育的精神内涵

体育事业的建设已经成为完成中华民族伟大复兴的重要组成部分,而体育事业恰恰是继承、弘扬和创新中华优秀传统文化的优良载体,这一点在中国健儿的精神上都有很好的体现。优秀运动员最宝贵的精神财富,就是为国争光,为民族争气。容国团、侯加昌、王文教等运动员、教练员从国外返回国内,为振兴新中国的体育事业作出了贡献;蔡振华、郎平等放弃国外优厚待遇,回国挑起重振乒乓球和排球的重任,并连创辉煌,形成了鼓舞国人的乒乓精神和女排精神。

2.1 深植于儒家思想的爱国主义与集体主义精神

爱国主义是中国文化的主要思想,中华民族几千年的历史,形成了公而忘私、以民族利益和国家利益为重的爱国主义精神,热爱祖国,保护祖国,是每一位中国人都应该具有的道德自觉。

在中华民族传统价值观看来,总是集体利益排在前面,个人利益在后。先集体,后个人;先大我,再小我;先公后私,先人后己。这也是中国传统价值观倡导的无私奉献精神。《孟子》中有句话叫"大人者,不失其赤子之心者也",是指人无论是面对苦难和荣耀,总是能不被这些苦难和荣耀所困扰,而是以一颗赤诚之心把自己奉献给国家,将自己所有的热爱都注入事业。富贵不能淫、贫贱不能移、威武不能屈,这种赤子情怀,已经成为新时代爱国主义精神的鲜明旗帜,引领一代代人不断磨砺自我,为国争光，将个人的努力融入国家的发展中，是一辈子坚持奉献于国家和取得个人成就的关键。

2.2 自强不息，永不言败的英雄主义精神

奥林匹克精神倡导的"参与奥林匹克运动要有锲而不舍、顽强拼搏的精神"，正是强调了自强不息这一高贵品格的重要性。从1908年第4届奥运会后中国人民的奥运梦想到1990年邓小平提出"申奥"设想，从1991年申奥报告获得国务院的批准到1993年9月在蒙特卡洛大会申奥失败，从2001年在国际奥委会第112次全会上申奥成功到2008年北京奥运会成功举办，这些无不展现了中华民族对奥林匹克运动苦苦追求的精神，也无不表现了不畏艰险、坚忍不拔、不屈不挠、自强不息的奋斗精神。而且北京残奥会期间，残疾运动员"把他们残缺的魅力以最美的最顽强的风范献给人类，继续谱写更高、更强的体育精神，身残志坚的不残精神"。

自强不息不仅仅体现出中华民族顽强的精神，也体现出坚持不懈的毅力，这使得国家及民族能够更加奋发图强，向阳而生。

从20世纪80年代中国女排开启"五连冠"，到2019年中国女排第十次获得"世界三大赛"冠军，永不言败精神始终是中国女排持之以恒的光鲜色彩；从20世纪八九十年代中国女足创造"七连冠"的伟业，到2022年中国女足时隔16年再夺亚洲杯冠军，永不言败精神始终是铿锵玫瑰逆风绽放的强力催化剂。

2.3 海纳百川，有容乃大的人本主义精神

民族传统体育如果缺乏了人文精神的支撑，就会如同无源之

水、无本之木，就会失去生命力。我国民族传统体育之所以能够得到很好的继承和发展，就是因为它深深植根于传统文化肥沃的人文精神土壤之中。在传统体育所能体现的优秀传统文化的指向中，丰富的人文精神具有独特的、积极的表现。我国传统社会自给自足的小农经济，形成了独具特色的"天人合一"文化体系。在这个体系之下，传统体育注重修身养性，强调人与自然的和谐，追求心身并育。

源远流长的中华文化蕴含着丰富的和谐思想，潜移默化地影响着民族传统体育文化。民族传统体育多以行观神，强调通过体育活动来锻炼心智，启迪性灵，进行人格修养的改造和提升，使外在的身体和内在的道德和谐统一，进而形成理想人格，体现出以人为本的观念。民族传统体育文化追求形神兼备，注重个人修养，通过形而下的有形的身体活动最终实现形而上的无形的精神上的升华，追求人性真、善、美的高度和谐统一。民族传统体育文化注重伦理德行教育，强调身心和谐、顺应自然、天人和谐、礼让仁爱等美德，逐渐形成了"顺应自然、天人合一"的人与自然的和谐意蕴，"崇德尊礼、贵中尚和"的人与社会的和谐意蕴，"重义轻利、诚信守诺"的人与人的和谐意蕴以及"形神相亲、表里相济"的人与自身的和谐意蕴。民族传统体育所体现出的"以人为本"的价值原则逐步演化为当代体育人文精神的鲜明主题，进而有利于保障人类的可持续发展。

如今，民族传统体育已经成为一种道德教育、修养情操、培养礼仪的重要载体，并逐渐形成一定的道德规范。显然，民族传统体育文化中注重精神培育与人文道德修养的底蕴和追求和谐的思想蕴藏着丰富的跨文化思维与教育价值，成为中华体育精神取之不竭的源头活水，并为中华民族体育精神走向世界拥抱未来提供了坚实的基础。

2.4　寓和于礼，人文亲善的崇礼精神

中国自古就被称为礼仪之邦。礼作为约束和规范人们思想和行为的基本准则，不仅是传统文化的主体，还是华夏文明的标志。礼在民族发展的方方面面都得到了传承，尤其是在民族传统体育文化中礼更是得到了淋漓尽致的体现，发挥着规范人们思想和行为的作用。

民族传统体育文化中，礼仪的发展过程彰显了道德教化、齐之以礼的儒学精髓，体现了恭敬谦让和宽厚兼爱的品质。民族传统体育文化中以礼为手段，实现了体育的社会性与阶级性的统一，将体育与中华传统文化完美契合，为现代体育的发展提供了借鉴。

古代体育活动以其独有程式或规范来体现体育文化中的礼。统治阶级正是通过这些烦琐的礼仪程序以达到明君臣之义、明长幼之序的目的，巩固宗法统治制度。

民族传统体育中的礼包括竞技主体礼仪、竞技项目中的规则制度与竞技赛事的仪式，不单纯指主体之间、集体之间相互尊敬，更多的是体育精神与体育本质的体现，是人文体育的彰显。据元朝宁志斋老人编写的专门论述捶丸的著作《丸经》记载，古代盛行的捶丸游戏将道德品质摆在非常重要的位置，游戏的最终目的是修身养性，要求在游戏中对人友善，语言和蔼，不可因技术高超就孤傲逞能，举止浅薄。比赛要按尊卑长幼的秩序，做到屡胜而不傲，屡败而不怒，心要静定，志欲宁适，容止端庄，语言简当，等等。这些都对民族传统体育产生了重要影响。

竞技体育中的礼不仅是礼仪在竞技体育中的外在表现，还是竞技体育内在实质的具体展现，是体育精神与体育道德的要求所在。

竞技体育中的礼是一系列社会行为的规范，对竞技主体的行为具有规范性和约束性。时刻提醒竞技主体要按照行为规范办事，不能为达到个人目的为所欲为，这也是对体育道德的完善和补充。礼还可以促进人与人之间的友善，协调人际关系。这不仅是竞技体育中礼的功效，也是体育所独有的价值之一。竞技体育中礼也能促进集体间的和谐、队友间的和睦。使人人都有较高的和谐观念与意识，减少人与人之间的矛盾，达成和谐的局面，营造出和谐的集体氛围。

中国传统体育礼仪文化充分体现了我国各民族共有的文化价值观念和审美理想，它既有与体育活动相关的竞赛程序、器材制作、比赛规则等身体运动内容，又是与各民族的社会特征、经济生活、宗教仪式、风俗习惯、历史文化息息相关的传统文化现象，是一种"活态人文遗产"。它体现着中华民族的生命力和创造力，是各民族智慧的结晶，也是全人类的瑰宝。保护和传承民族传统体育礼仪文化，既是各民族文化传承和发展的基础，也是维护中华文化独特性和复兴中华文化的重要一环。

教学案例：抱拳礼

传统体育礼仪是为了维护体育活动秩序而要求人们共同遵守的、符合礼的精神的行为规范。它既表现为外在的行为方式，又表现为传统的民俗习惯。

> 传统体育礼仪活动中，礼仪的操作有着严格的规定和程序。现代武术以抱拳礼为主要礼节。行抱拳礼时，要求并步站立，左手四指伸直并拢向后伸张、大拇指内扣为掌，右手五指卷紧，拇指压于食指、中指第二指关节上为拳，左掌右拳在胸前相抱。两臂曲圆，拳、掌与胸间距离为一厘米，肘尖微微向下，头正身直，目视受礼者。右手握拳，寓意尚武，左掌大拇指内扣表示虚心向对方请教、永不自大。左手掩拳寓意崇德，以武会友。左掌四指并拢寓意四海武林团结奋进。两臂曲圆寓意天下武林和谐统一于一家。抱拳礼表达的是敬意，是恭请前辈指教之意，体现出文武兼备、谦虚求学的态度。

三、民族传统体育的世界之旅

民族传统体育是中华文化的重要组成部分，凝聚了中华民族五千多年的历史精华。立足"一带一路"的战略需要，我们要加快民族传统体育文化国际传播的步伐，以提高国家文化软实力，努力展示中华文化独特魅力，使民族传统体育成为向世界传播中国声音、讲好中国故事的桥梁，促进民族传统体育文化的国际化认同、交流与融合。

3.1 民族传统体育文化对世界的贡献与价值

《体育强国建设纲要》明确指出要加强对外和对港澳台体育交往，服务中国特色大国外交和"一国两制"事业。要做到良好的对外交流互鉴，首先要构建体育对外交往新格局。"深化与亚洲各国尤其是周边国家的体育交流合作,务实推进与欧美发达国家的体育互利合作,巩固和发展与非洲和拉美国家的体育友好关系。引导、支持和鼓励体育类社会组织、体育明星、大众媒体、体育企业、海外华侨等在体育对外交往活动中发挥作用。"

当今世界,全球化趋势愈发显著,顺应之则兴、则存,违逆之则衰、则废。全球化尽管在某种程度上挤占了民族传统体育文化的生存空间,却同时赋予民族传统体育文化现代性内涵。东方体育文化正在通过现代性改造或现代社会价值彰显而突破西方体育文化重围,焕发新的生机与活力。由此视之,全球化与地方化是两种同时起作用的辩证的力量,它们都为世界体育文化发展提供新的机遇和挑战。中华民族传统体育文化源远流长、博大精深,既有丰富多彩的活动项目,又有与西方体育文化迥异的社会价值,可以并且应当为世界体育文化注入更多的中国气息。

与西方体育注重竞技相比,中华民族传统体育的显著特点是,更加注重修身养性、宁静致远、养生延年,即在锻炼身体的同时重视心情、心境,以及在这基础上所带来的身体机能上的提升。中华民族传统体育的千余种项目中,有许多都是专门为营造良好的心情和心境而产生的。民族传统体育是民族传统文化中衍生出的体育形式,它们都注重通过呼吸与身体的协调配合达到修身养性的目的。民族传统体育又各有侧重,例如,气功养生以行气内练为主,静养修性;导引以肢体活动为主,动养强身;武术内含导引和行气,以拳术套路实践为主,形神共养。民族传统体育文化的传播,不仅能够为国际社会提供许多健身、养生和保健等领域的方法和经验,还为世界其他民族和国家提供了了解和掌握更多元的、历史悠久的养身保健知识的手段和途径。

教学案例：中华养生功法助战全球抗"疫"

2020年伊始，新冠肺炎肆虐，让更多人主动健康意识觉醒，而健身气功正是主动健康积极、有效、经济的手段之一。国家卫健委等印发的《新冠肺炎恢复期中医康复指导建议（试行）》，也将八段锦、太极拳等传统功法列为新冠肺炎患者出院后的康复指导功法。

中国战"疫"的阶段性胜利为世人瞩目，中华养生功法也成为海外人士足不出户、个性操练项目。在助力国人抗疫的同时，健身气功也发挥着服务人类健康命运共同体的重要作用。从2020年2月14日开始，国际健身气功联合会携手龙采体育集团，推出了线上项目"龙采全球健身气功时间"，每天推出两个时间段的直播，每次15分钟，邀请全世界健身气功专家和教师示范健身气功（八段锦），讲解健身气功知识。这一项目甫一上线，就受到了全球健身气功爱好者、习练者的欢迎，据不完全统计，共有50多个国家和地区的人们通过这一项目进行了学习。

这一活动到2020年9月12日——"世界健身气功日"达到高潮。"世界健身气功日"活动由国际健身气功联合会于2017年倡议发起，是全球健身气功领域规模最大、覆盖范围最广的展示与交流活动。相比以往，2020年"世界健身气功日"采用了24小时直播的方式，全球爱好者不但可以在线观看全球各地相关活动开展情况，还有内容丰富的座谈、讲座等。

此外，为了协助各国民众一起抗"疫"，上海中医药大学太极健康中心原计划海外教学虽因故暂停，但推出了中英对照的"中华传统经典养生术"系列公益视频课程。这套在线课程共8集，包括八段锦、易筋经、古音六字诀、放松功、逍遥功、天柱功、松柔功、六合功。课程陆续发布仅几日，就有总共56个国家和地区的人们访问了课程内容。例如，在西班牙巴塞罗那，上海气功研究所气道书院外籍学员、西班牙欧洲中医基金会学员及当地人士，即通过这套课程居家习练八段锦等中华传统养生术。

我国传统养生导引术具有简单、易学、易练、效果明显、安全等特点，因此成为全球新冠肺炎防控期间一大"网红"。

3.2 "一带一路"引领新时代民族传统体育"走出去"

《体育强国建设纲要》明确要加强与重点国家和地区体育交流合作。积极参与政府间人文交流活动，扎实推进共建"一带一路"、金砖国家、上海合作组织等多边合作框架下的体育交流活动。制定实施共建"一带一路"体育发展行动计划，积极搭建各类体育交流平台，鼓励丰富多样的民间体育交流。推动与共建"一带一路"国家在体育旅游方面的深度合作，打造"一带一路"精品体育旅游赛事和线路。

"一带一路"倡议的提出与实践，是对中华古丝绸之路优秀文化精神的继承与弘扬，充分挖掘中华五千年文化深厚内涵的吸引力、感染力、包容性与教育价值，更好造福"一带一路"沿线各国人民。

"一带一路"是世界文明互鉴的重要途径，更是中华民族优秀文化展现的重要平台。我国通过"一带一路"展示了中华优秀文化魅力，凸显了中华文化的时代价值，塑造了文化大国的国际形象。其中，民心相通是最重要的，民心相通可以为各国人民打下相互理解接纳的心理基础，而民心相通最有力、最有效的就是文化相通，加强中外文化交流可以有效促进文化理解、文化认同、文化融合，超越文明隔阂和冲突，有利于架通文明之路和心灵之桥。

在中国的文化体系中，民族传统体育作为中华民族传统文化瑰宝，具有丰厚的民族传统文化底蕴，是民族智慧、民族精神和民族性格的具体体现，凝聚了一个民族传统文化的精髓，如民族传统体育文化中"道法自然""天人合一""和而不同""和为贵""和合"等思想充分诠释了中华民族特有的人文精神、价值取向和道德观。以"一带一路"引领民族传统体育"走出去"，可以提升民族传统体育的国际地位，推进体育强国建设、实现中华民族伟大复兴。民族传统体育所具有的浓郁的民族特色、鲜明的运动特点和显著的健身、健心效果，已成为中国与外界文化交融、促进互鉴共进的时代标签，成为中国与各国构建人类命运共同体的重要抓手。随着"一带一路"倡议的深入推进，必将带动、加速民族传统体育在"一带一路"国家的开展与推广，能有效增进与各国人民的文化交流和情感友谊。"一带一路"为新时代中华民族传统体育"走出去"提供了良好契机，为推动民族传统体育走国际化道路铺设了广阔平台，为提升民族传统体育在全球的影响力提供了坚实保障。民族传统体育承载着悠久而灿烂的中华文明,可以说是中国文化的橱窗,它作为一种特色鲜明的民族体育文化现象已经上升为中国与"一带一路"国家进行跨文化交流活动的重要内容。要充分挖掘提炼中华民族优秀传统体育文化的价值,深入思考与"一带一路"国家的文化差异,有针对性地制定民族传统体育文化的交流与传播形式,如举办民族体育文化论坛、民族体育赛事、民族体育表演、民族体育培训等活动,使有代表性的民族传统体育如武术、太极拳、健身气功、龙舟、舞龙舞狮、摔跤等服务于"一带一路"建设,服务于国家外交战略,推动人类命运共同体的构建,提升中华民族体育文化的影响力。

3.3 中国武术在世界范围内的广泛传播

武术是我国特有的一项民族传统体育运动,历史悠久,源远流长。早在两千多年前,伴随着中外文化的交流,初具雏形的中国武术就传到了周边国家,对周边国家民族体育运动的产生和发展发挥了积极的作用。时至今日,中国武术已经发展成为一项世界性的体育运动,不仅丰富了世界体育文化,而且促进了中西体育文化间的交流。武术的国际化已是武术发展的历史必然,已成为不可阻挡的历史潮流。

2017年1月,中共中央办公厅、国务院办公厅联合印发的《关于实施中华优秀传统文化传承发展工程的意见》指出,要推动中外文化交流互鉴,支持中华武术等中华传统文化代表性项目走出去。2017年7月,中共中央办公厅、国务院办公厅印发的《关于加强和改进中外人文交流工作的若干意见》指出,要丰富和拓展人文交流的内涵和领域,打造人文交流国际知名品牌。坚持走出去和引进来双向发力，重点支持汉语、中医药、武术、美食、节日民俗，以及其他非物质文化遗产等代表性项目走出去。这些国家层面加强中外人文交流合作的顶层战略设计，使中国武术走向世界的使命担当意识，在新时代被重新唤醒。

1. 中国武术的人际传播

就人际传播而言，中国武术以拳种为媒介进行不同层次的传播活动，为中华文化的海外发展赢得了良好的世界声誉。同时，人际传播提高了众多海外受众参与武术技艺的积极性。比如，埃及人民积极参与武术运动，仅在开罗就有几十家俱乐部开设武术课程，在埃及全国范围内，有十几万人在学习中国武术；武术运动在摩洛哥日益普及，越来越多摩洛哥青少年通过学习武术技艺深入感知中华文化，并以此了解中国；菲律宾武术协会主席陈著远认为中国武术是菲律宾国家运动的一部分，不仅在体育界，在民间也传播很快，武术协会下属会员单位众多，也有一些武馆在学校和社区推广武术。菲律宾教育部还将武术列为公立学校体育选修课的一个项目，让更多学生有机会练习这项强身健体和提高国家竞技体育实力的运动项目。

2. 中国武术的群体传播

中国武术的群体传播活动由来已久，并取得了一定成就。当前，中国武术群体传播的优点主要体现在两个方面。一方面，中国武术群体传播借助民间力量所形成的传统武术组织（如上海精武体育总会、中华武术会、致柔拳社等武术组织），对促进中国武术海外发展展现出巨大的推动力量。这为世界范围内迫切需要了解中国武术的受众，提供了组织和人才保障。另一方面，通过多种类型的国外中华武术节和武术活动，中国武术的海外受众群体和文化影响力在不断扩大。比如，"以弘扬中华传统文化，促进中华武术进一步走向世界"为宗旨的欧洲中华武术节，每年都能吸引来自德国、奥地利、波兰、捷克等多个国家的几百名运动员参加。中国武术已成为海外民众认知中华优秀传统文化的一张亮丽名片，并且其名片效应也在全力彰显。2019年的"中国国家形象全球调查报告"显示，中国国家形象具有三张闪亮的中华文化名片，即中餐、中医药和中国武术，它们是中华文化最鲜明的基本元素。中国武术取得的成就，足以使我们为之喝彩。

3. 中国武术的影视传播

长期以来，内涵丰富的大众传播方式，为中国武术国际化传播相关理论水平提升和实践成就取得，贡献着令人欣喜的正向效能。中国武术题材的影视作品向世界传播了中国武术、中国文化和民族精神，已成为海内外民众认识中国武术、了解中国文化的典型载体，成为中西方人文交流合作的桥梁，并为中国武术走向世界增添了强大助推力。自李小龙以来，中国武术题材电影在西方广受关注。这或许应归因于其引人入胜的故事情节、主题鲜明的价值立场、引发共鸣的文化认同。中国武术题材电影中所传递的家国情怀与使命担当，所倡导的对个人修为的提升、社会矛盾的消解、民族精神的提振和"美美与共"和谐世界的营建，都彰显出其对中国武术传播的独特的贡献。

在国家文化软实力不断提升的强国机遇中，中国武术因承载了"顺其自然"的修身之道、"武以德立"的技艺规训、"修齐治平"的家国情怀等中华文化智慧，能够由技入心地增强海内外民众对中华文化的认同感。中国武术展现出超越语言、地域、民族等因素限制的独特贡献，在新时代中华文化伟大复兴进程中肩负着特有的历史使命。

3.4 太极拳"申遗"成功

中华优秀传统文化是文化自信的力量源泉。太极拳是中华优秀传统文化的结晶和代表，而传承和弘扬太极文化则是坚定文化自信的具体实践，是建设文化强国的内在要求。当前，集养生健心、修身养性、竞技娱乐等多功能于一体的太极拳运动已经成为中华优秀传统文化的一张名片，受到越来越多国家和地区人民的喜爱。

太极拳就是中华民族辩证的理论思维与武术、艺术、气功导引术等完美结合而衍生的高层次的人体运动文化。太极拳在演进历程中，综合性地继承和发展了古代民间和军队中流行的拳法，结合了古代的导引术和吸纳术，吸取了古典唯物哲学、阴阳学说和中医基本理论的经络学说，注重内外兼修，是中国传统文化的结晶和代表，其所蕴含的道法自然、阴阳循环、天人合一的中国传统哲学思想丰富着人们对宇宙自然和人体运行规律的认知，以柔克刚的价值理念以及追求人与人、人与自然共生共存共同发展的和谐与和平精神，具有独特的东方魅力，是不折不扣的"文化拳"。

据统计，目前全世界太极拳爱好者分布在全球150多个国家和地区，有80多个国家和地区建立了太极拳组织，习练者超过3亿人。太极拳已经成为世界各国人民了解中国、学习中华传统文化的重要媒介，通过太极文化的传播，世界人民加深了对中华文化的理解、认同、赞赏。尤其是2008年北京奥运会开幕式上的太极拳表演，为全球观众奉献了一场中华优秀传统文化的饕餮盛宴，以磅礴的气势和精美绝伦的表演将中国艺术形象演绎得淋漓尽致，吸引了80多位各国元首、政府首脑、王室代表以及来自全世界媒体、观众的关注，深深感染和震撼了全球观众。

2020年12月17日是永远值得纪念的日子，经过多年的努力，"太极拳"项目在这一天被联合国教科文组织列入《人类非物质文化遗产代表作名录》。为此，全欧洲中医药专家联合会等组织召开了"共享太极、拥抱健康"——海内外中医界庆祝太极拳申遗成功大会。中国常驻联合国教科文组织代表杨进，中国工程院院士张伯礼，联合国教科文组织申遗机构负责人，世界中医药学会联合会负责人以及来自二十几个国家的中医专家等参加了线下线上庆祝大会。杨进表示，太极拳是能充分体现中国文化内涵的一种非物质文化遗产，它不仅仅是中国文化的载体，也是建设和谐世界的一种理念和表现形式。联合国教科文组织将中国太极拳列入《人类非物质文化遗产代表作名录》，也是对中国哲学、中国智慧、中国思想的一种认可。而这种认可将为进一步促进人类命运共同体建设，促进全人类身心健康、促进世界和谐发挥重要作用。张伯礼致辞说，太极文化是关于生命和生态文化最早的表达，太极拳是人类最好的修身养性的运动之一，也是中华文化献给人类的宝贵财富。太极与中医渊源深远。随着时代变迁，太极拳的价值也与时俱进，适应了健康医学的时代要求。他希望太极拳各家各派以申遗成功为契机，团结一致，共同继承，共同提高，为人类健康发展做出贡献。

太极拳申遗成功将更加有利于整合太极拳文化资源，充分挖掘太极拳的教育价值和健康价值，发扬太极拳"包容和润，通达顺畅"的精神和风格，形成合力，推动这一民族珍贵遗产的传承和弘扬，为全世界全人类和谐而健康的发展做出重要的、特有的贡献。

结　语

民族传统体育精神是体育人为中华民族贡献的宝贵的精神财富，是富于创造、善于团结、勇于奋斗、敢于梦想的中华民族精神在体育领域的重要体现，是相互理解、友谊团结和公平竞赛的奥林匹克精神在中国体育实践土壤上结出的丰硕果实，作为体育人高度认同的行业价值观，已成为新时代中国精神的具体体现。中华体育精神是新中国体育在实践过程中所体现出来的精神品质，也是中华民族精神和体育精神的有机融合。它既是中国特色的体育精神，也是体育领域的中国精神。作为中华体育精神的内蕴，民族体育精神是中华民族在体育实践中的直接产物与意识存在，其内蕴丰富，是一个具有发展性、开放性的思想或价值体系。民族体育精神存在于各民族群体的意识中、体现在有形资源中，影响和支配着人的体育与社会行为，其可再生地随着精神资源的充分开发而扩大，也是各族人民在互动交流中共同创造、共同享有的资源。民族体育精神对于铸牢中华民族共同体意识具有特殊的价值功能。

第四章
深入开展法治教育，培养法治意识

学习要点

1. 正确认识体育运动中的公民意识，培养集体主义与爱国主义精神，克服利己主义并增强社会责任感；

2. 熟练把握体育运动中的法治意识，理解体育教学中法治教育的价值以及体育比赛中维权教育的重要性；

3. 培养并树立体育运动中的规则意识，并熟知规则意识的多重表现形式；

4. 理解并树立体育活动中的诚信意识，在体育实践中奉行诚信原则。

导　言

教育引导学生学思践悟习近平法治思想，牢固树立法治观念，坚定不移走中国特色社会主义法治道路，深化对法治理念、法治原则、重要法律概念的认知，提高运用法治思维和法治方式维护自身权利、参与社会公共事务、化解矛盾纠纷的意识和能力。

党的十八大以来，习近平总书记高度重视全面依法治国，并创造性地提出了关于全面依法治国的一系列新理念新思想新战略，形成了内涵丰富、科学系统的思想体系，为建设法治中国指明了前进方向。实现依法治国、构建社会主义和谐社会最根本的方法是树立法治观念、培养公民的法治意识、提高公民的法治素养。这就要求在全国范围内进行深入、持久的法治宣传教育。大学生是接受当代法治宣传教育的主要对象，是国家栋梁之材和未来希望，同时也是实现"依法治国"的重要主体。通过全面加强大学生法治宣传教育，不仅可以培养大学生的社会责任感、法律意识、明确自身的权利与义务，还能使其养成懂法、守法、护法、用法的良好习惯，用自身良好的法律行为影响周围群众，有助于带动全民法治素养的提高。这不仅是依法治国、建设社会主义法治国家的需要，也是维持社会秩序稳定的重要基础，对于构建社会主义和谐社会具有重要意义。

一、体育运动中的公民意识

公民意识是公民个人对自己在国家中地位的自我认识，以及在处理各种社会关系中所形成的道德观念、价值取向和行为规范的整体意识。

公民意识是社会政治文化的重要组成部分，内在地包含了公民的思想道德素质和政治文化素质。它集中体现了公民对于社会政治系统以及各种政治问题的态度、倾向、情感和价值观。

大学生公民意识是指大学生对于自身作为国家公民身份或资格的自我认知，以及在此基础上所形成的以公民权利义务意识为核心的有效处理本人与自然、与他人、与国家、与世界、与网络等多重关系的集法律意识、思想认识、理想信念、道德观念、价值理念等为一体的多维意识结构。

在我国，公民意识是我国社会主义精神文明建设统领下不可或缺的部分，公民意识的提高也是我国为实现社会主义民主所要做的必不可少的努力，党的十七大报告中明确提出要"加强公民意识教育，树立社会主义民主法治、自由平等、公平正义理念"，以政策的形式确立了公民意识教育的实施必要性。因此，我们应当高度重视并努力探索多种渠道来提高我国公民的公民意识，而提高大学生群体的公民意识更是提高全国公民意识水平的关键和捷径。目前随着我国社会经济的迅速发展，对大学生公民意识培养也具有挑战性，加强对大学生公民道德意识的培育有利于增进大学生的国家认同与民族认同，增强大学生的爱国主义情怀和集体主义意识，提高大学生的社会责任感，克服利己主义，提升大学生的思想道德品质，进而实现大学生对自我社会身份的认同，推进社会主义和谐社会的建构，为把我国建设成为社会主义现代化强国奠定坚实的公民基础。道德感并非生来固有，而是后天习得的，体育运动对于树立大学生的公民意识有很强的实践作用。

1.1 体育运动有助于大学生民族精神的形成与国家意志的统一

在五千多年的发展中，中华民族形成了以爱国主义为核心的团结统一、爱好和平、勤劳勇敢、自强不息的伟大民族精神。国家意志是指国家为了存在和为了维护存在所必须具有的诉求和精神力量。国家意志的基础是整个国家公民的公共意愿和公共诉求。个人意识和国家意志相一致才有可能形成民族步伐的统一，行为的统一，才是我们必定胜利的保障。

民族精神认同和国家意识统一，作为一个国家的"软实力"，是现代民族国家建构的重要命题。步入新时代，世界处于百年未有之大变局，世情国情党情正在发生深刻变化，社会主义现代化的国家是精神文明高度发达的国家，在精神文明创建过程中可能出现西方不良思潮趁机涌入，对社会主义核心价值体系的构建与主流意识形态权威的树立造成一定的负面影响，大学生是支撑未来中国社会发展的重要力量，其公民道德意识的强弱，直接影响到整个国家、社会的凝聚力与向心力，加强大学生公民道德教育，有利于坚持以社会主义核心价值观为引领，帮助大学生塑造符合主流价值的主体人格，提升学生的自我判断与理性思考能力，强化民族精神形成。

体育是社会发展和人类进步的重要标志，也是综合国力和社会文明程度的重要体现。体育作为一项在全世界具有广泛影响的社会文化和教育活动，在当今社会中与政治有着密切的关系，在维护统治阶级的利益，处理国际关系和民族关系方面，具有独特的功能。

国际奥林匹克委员会（简称"国际奥委会"）是一个非政府、非营利的国际体育组织，总部位于瑞士洛桑，由法国人皮埃尔·顾拜旦于1894年建立，组织举办奥林匹克运动会、青年奥林匹克运动会、冬季奥林匹克运动会、残疾人奥林匹克运动会。

1999年，中国奥委会在首都体育馆举行全体会议，审议并批准了北京市人民政府关于举办2008年奥运会的申请。2001年，在第112届国际奥委会全会上，北京赢得了2008年奥运会主办权。2015年，在马来西亚吉隆坡举办的国际奥委会第128次全会上，北京获得2022年冬季奥运会的举办权，再次向世界展示了中国发展取得的成绩。中国锲而不舍、不懈努力的申奥行动，向世界表明中国对于人类文明发展所拥有的责任心。中国人民有承担这个责任的愿望，也有能力承担这个责任。

让学生了解从奥运会的申办到完美落幕的具体过程，感悟家国情怀，增进学生的文化认同，进而增进学生的政治认同感，在道德认知层面促进民族精神的形成与国家意志的统一。

1.2 体育运动有助于大学生集体主义和爱国主义的养成

爱国主义是社会主义核心价值体系的基本内容之一，指个人或集体对祖国的一种积极和支持的态度，是个人所应该具有的公民道德之一。爱国主义集中表现为民族自尊心和民族自信心，为保卫祖国和争取祖国的独立富强而献身的奋斗精神。在现阶段，爱国主义最基本、最本质、最重要的表现，就在于不遗余力地巩固最广泛的爱国统一战线，为维护祖国统一，加强民族团结，构建和谐社会，实现中华民族伟大复兴而作出自己的贡献。

爱国主义是中华民族五千多年来生生不息、绵延不绝的精神命脉，以爱国主义精神凝聚广大青年为实现中华民族伟大复兴不懈奋斗是中国共产党百年奋斗的重要经验。今天，实现中华民族伟大复兴的接力棒已经交到新时代青年手中，实现中华民族伟大复兴的重任已经落到当代中国青年肩上。新时代青年尤其是青年大学生能否接好接力棒，能否担负起历史赋予的重任，关乎国家的未来、民族的希望，关乎中华民族伟大复兴的顺利实现。加强新时代青年大学生爱国主义教育，有助于激发爱国主义情怀，增强爱国主义认知，促进爱国主义行为，有助于凝聚大学生积极投身中国特色社会主义事业的伟大实践。加强高校爱国主义教育，引导当代大学生厘清新时代爱国主义科学内涵，把握新时代爱国主义鲜明特质，增强新时代爱国主义厚重情感，是当前我国高校党的建设和思想政治教育的一项重要任务，是立德树人、大力培养中国特色社会主义事业建设者和接班人的关键之举。

体育作为一种文化，与爱国主义有着天然的联系。为国争光、无私奉献的爱国主义精神是中华体育精神的核心要义。中华体育精神是爱国主义最具活力的载体和最鲜明的表现。在竞技体育中，我国体育运动员向来胸怀祖国高于一切的崇高信念，甘于用生命去捍卫祖国的尊严和荣誉，把奋力争先为祖国赢得荣誉视为无上荣光。每枚金牌的背后都有着许多自强不息、无私奉献、可歌可泣的故事。运动员们把从事的具体运动项目与报效祖国的宏伟大志紧紧地联系在一起，在泳池里劈波斩浪、在跑道上迎风绽放，咬紧牙关，默默努力，不断实现着自己的人生价值。进一步看，中国的体育事业始终在服务国家战略方面发挥着举足轻重的作用，从 20 世纪 50 年代为了国家建设和国防安全强调"发展体育运动，增强人民体质"，到 20 世纪 70 年代体育外交成为联结中国与世界的重要纽带，再到如今全民健身战略聚焦全国人民身心健康和生活质量，体育事业都承载着为国争光的爱国主义教育、强国富民的历史使命和重大责任。

追求卓越是奥林匹克运动的核心内涵，它崇尚的是拼搏，倡导和激励的是荣誉。为祖国而战、为荣誉而战，这些都源自爱国主义的荣誉感，是广大参赛运动员顽强拼搏的不竭动力。

可以组织大学生观看奥运赛事，体会体育健儿的精彩表现，感受中国体育健儿身上的团结一致、公平竞争、努力拼搏、坚持不懈、勇敢挑战自己的极限等品质，这些品质能对大学生群体的集体主义和爱国主义意识产生潜移默化的影响。

1.3 体育运动有助于克服利己主义，增强社会责任感

在道德生活领域，社会主要矛盾集中表现为人民日益增长的美好道德生活内在需要和社会满足这种内在需求的动力、制度、环境等道德供给不足之间的矛盾。社会主义现代化的国家是物质文明高度发达的国家，在对物质的不断追求的过程中，可能导致物欲意识、利己主义盛行。加强大学生公民道德教育，有利于大学生在躬身实践中感悟公民道德意识，筑牢理想信念之基，把国

家、社会、个人层面的价值要求贯穿到个人道德建设的方方面面，克服利己主义，增进其对公民道德意识的理解，进而提高大学生的社会责任感。

社会责任感就是在一个特定的社会里，每个人在心里和感觉上对其他人的伦理关怀和义务。责任感作为一种道德情感，是一个人对国家、集体以及他人所承担的道德责任。大学生社会责任感包括大学生对他人、社会群体和生态环境等的责任感。大学生社会责任感既是大学生思想政治教育的重要内容，也是公民道德教育的有机组成部分。新时代，大学生面临着振兴中华的重要历史机遇，理应有推动社会和谐发展，努力实现中华民族伟大复兴这一宏伟目标的历史使命感。加强大学生公民道德教育，能够帮助其增强自身责任意识，促使其自觉维护公共利益，积极履行相应义务。

如果当代大学生能够正确认识自己在社会中所承担的责任，具有高度的社会责任感，人与人之间和谐共处，那么人与人的关系将更加融洽；如果当代大学生能够把回报社会、贡献社会作为其价值取向和追求的人生目标，那么人与社会的关系将更加和谐；如果当代大学生能够从自身做起，承担起自身对环境的责任，节约每一滴水、每一度电、每一粒粮食，为建设节约型社会和环境友好型社会贡献自己的一份力量，那么人与自然将会和谐发展。所以说大学生社会责任感对于社会主义和谐社会的构建具有深远的影响。帮助大学生坚持将提升道德认知与推动道德实践相结合，也有利于激发大学生形成善良的道德意愿、道德情感，进而实现与公民身份的积极适应，在社会生活中形成正确的道德判断和道德责任，克服利己主义，增强大学生的社会责任感。每个人每做一件事，都能影响周围的人，甚至能影响整个国家，整个世界，所以应该学会爱他人、爱国家、爱社会、爱整个世界。多做利人利己的事情，多参加社会活动，多学习世界先进的文化，怀抱大局观、爱国观和上进观。在小事上，要站在自己和他人的双重立场上看问题；在大事上，要站在社会和国家的利益上看问题，增强自身的社会责任感。只有有了社会责任感，学习才能有动力，生活才会充满乐趣，更能积极承担自己的人生责任，这对度过一个有意义的人生，具有重要的现实意义。

高校体育课从某种意义上说可以被看作是一种有着特定规则的微型社会，这个特殊的社会形态下同样存在师生之间、学生之间相互交叉的人际关系，在体育教学实践中，为完成既定的教学任务，每个人按照特定的规则扮演不同的运动角色，这种看似简单的人与人的交往，实际就是一种简化和浓缩了的社会活动。高校体育教学实践在培养大学生社会责任感方面表现出的优势是其他教学形式和学科无法替代的。

体育教学为学生提供了相互沟通与交流的空间与时间，环境相对比较开放，有助于增强大学生的人际交往体验，提高大学生协调人际关系的能力，并可以在沟通交流过程中体验相互帮助、协调合作的乐趣，提高大学生相互信任和认可程度，进而提高大学生对于集体及社会的认同感。

体育教学不仅要教会学生运动技能，还要提倡学生们在实际生活或比赛中将所学运动技能展现出来，这就难免存在竞争与合作。在体育项目比赛中，学生不仅面对比赛，还要对赛场上的行为负责，对个人负责，对集体负责，这就培养了学生的大局意识和责任与担当。同时，体育项目比赛具有一定的规则，有规则就需要遵守，否则将会受到相应的处罚。体育项目比赛规则的存在使得学生养成遵守纪律、尊重裁判与对手的良好习惯，提高了学生的个体社会化能力。

在团体体育项目比赛中，团队的合作体现在战术上，更体现在团队精神和集体主义理念上。在高校团体体育项目比赛活动中，队员之间要协作、要沟通、要交流、要互相配合和帮助，为取得团体胜利而顽强地"搏杀"，所以团体体育比赛项目中队员合作和团结奋斗是非常宝贵的思想观念和精神动力。例如，篮球比赛中，有控球后卫、得分后卫、小前锋、大前锋和中锋，场上队员的相互合作、沟通、无数次的传切，使整个球队同心同德、团结一致，做到相互信任与相互协作的良好配合，增强整个团队实力，才能打败对手，获得最后的胜利。同时为了比赛的胜利，团队中的个体需要有勇于自我牺牲的精神，如果每个人都想投篮命中，展现自我，那么离胜利只会越来越远。可见，在高校体育教学中培养学生的社会责任感，不仅可以克服利己主义的滋长，而且有助于培养学生勇于协助和乐于奉献的精神。

二、体育运动中的法治意识

法治意识是公民对法律功用的全面认知，体现了公民对法律的信任。它是人们在认知、情感、意识、信仰层面对法治形成的思维状态。法治意识是一种积极的社会责任和态度，包含正义观、权利意识、民主参与意识、法律素养和法律权威意识等要素。

2021年，中共中央印发《法治中国建设规划（2020—2025

年)》，进一步明确了法治中国建设的架构和战略规划。同时把习近平法治思想融入学校教育，纳入高校法治理论教学体系。《高等学校课程思政建设指导纲要》也提到，大学生应当学思践悟习近平全面依法治国新理念新思想新战略；学校应引导学生坚定走中国特色社会主义法治道路的理想和信念，提高运用法治思维和法治方式维护自身权利、参与社会公共事务、化解矛盾纠纷的意识和能力。在学校体育层面，中共中央办公厅、国务院办公厅发文，要求建立学校安全风险管理机制；健全学校体育运动伤害风险防范和处理机制；试行学生体育活动安全事故第三方调解机制；强化安全教育，加强大型体育活动安全管理法律制度。

　　大学生的法治意识现状并不尽如人意，被动信仰是当代大学生校园体育法治意识的重要表现类型。法律的发展有赖一定的社会条件，不同性别、不同年龄群体、不同族群对法律的认知和意识存在很大差异。受学分压力、求职就业压力影响，大学生绝大多数重视能获得等级证书、有助就业评价的专业课学分成绩以及英语、计算机等成绩；对非技能等级评价，难于通过具体形式呈现系统性效果评价的知识领域，如涉及陶冶情操、完善自身涵养的公共体育课程并不十分关注。他们对体育相关制度的遵守多数体现出被动接受的法治意识状态。多数人抱有"学与不学无所谓，学好学坏都一样"的心理。因为不重视体育的塑造人格的价值功能，更无法重视体育课上的规则意识，进而影响了体育法治意识的积极主动的发展。比较典型的是对体育制度或规则的认知、理解、熟悉程度不够高；对有关部门制定的规章制度信赖程度不高；甚至质疑规则的制定部门是否实质上有能力解决某一具体问题；或者即便遵守规章制度，也是因为不想受到处罚；或者因为对自己有利才去遵守规章制度；再或者因为其他同学遵守，自己也跟随遵守；还有因时间成本、金钱成本或出现可能的人际关系困扰，选择放弃信赖规章制度的权威性。被动信仰法治意识的危害是显而易见的，很容易使人发生偏航，形成激进思想。甚至因为欠缺法律知识、法治信仰，不能在体育活动中及时有效地维护自身合理合法的权益，导致个人遭受身体伤害事故、财产损失等教学事故。

由此可见，积极主动的校园体育法治意识教育势在必行。在大学法治意识教育实践过程中，应当树立科学全面的以人为本的思想，引导当代大学生积极主动且充分地认识到：法治是一个与人治相对应的概念，是治国理政的基本方式。依法治国是社会主义民主政治的基本要求。它通过法治建设来维护和保障公民的根本利益，是实现自由平等、公平正义的制度保证。积极主动的校园体育法治意识教育还要结合大学生德育素养教育，指导大学生认知法律知识、信赖法律制度，理性依托规则，维护立法者、执法者权威，进而形成自我尊重和权益维护的良性闭环。

学生的法治意识不是与生俱来的，需要经过后天环境的影响和不断教育、学习获得。法治意识是全体公民都必须具备的基本素质，开展法治宣传教育是《全国教育系统法治宣传教育的第八个五年规划(2021—2025)》对学校教育工作的重要要求，加强学生的法治意识教育是学校教育工作的重要使命。体育是学校教育的重要组成部分，大量体育规则的存在，决定了体育学科对学生法治意识的树立起着其他学科无法替代的作用。体育课程作为学校教学课程，了解学生的法治意识现状，向学生传输法治意识，开展法治宣传教育，是其义不容辞的责任。

2.1 在体育教学中进行法治宣传教育

体育运动需要讲究科学,但更要讲究规则,失去规则的制约,将无法生存和发展。从某种意义上讲,体育与法律在规范行为上具有一种相似性,在某一特定的场合,特定的时间,什么行为可以发生,什么行为不可以发生,法律和体育都在不同领域有其明确的规范条款,在体育活动和比赛中,规则始终贯穿其中。例如,在篮球防守规则中,就规定在防守过程中不允许用推人、阻挡等违规手段为自己和队友创造有利条件,从而达到取胜的目的。因此可以将篮球防守规则教学延伸到法治教育,教育学生在现实生活中,不能通过损害他人利益的手段而达到为自己牟取利益的目的,而是要通过合法的、公平的方法为自己达到想要的目的。

在体育课堂中,因为身体相互接触的机会较多,所以彼此发生矛盾的可能性就很大,有时还会导致双方轻则出现口角之争,重则当场动手。在发生类似状况的时候,教师要适时进行制止并加以疏导、教育。在教育过程中教师可以渗透法治教育,并用体育课堂常规、运动项目的规则及有关法律条款常识,引申到具体发生的事件上,引导他们运用法律思维理性冷静地处理类似情况。

体育课上课堂常规可保证教学顺利进行,教师要根据不同项目不同班级的具体情况有重点地把课堂常规的内容和讲礼貌、讲道德、守纪律等结合起来,加强组织纪律性教育,使学生逐步形成遵守规章制度和热爱集体的思想品质。遵守制度,加强组织纪律性,一定程度上可以避免伤害事故的发生,起到自我保护的作用。在学校学生意外伤害事故中，体育活动中发生的比率最高，一定程度上也是教师或学生的法治意识和守则意识淡薄造成的结果。比如，某校在操场投掷区进行掷铅球的练习时，学生随意穿越投掷区被正常投掷飞行的铅球击中受伤。教师应该预见到投掷铅球的危险性而加强对投掷区的管理，不能让无关人员进入投掷区；学生也应该很清楚随意穿越投掷区的危险性，但还是穿越，所以双方都有过错行为，应共同承担法律责任。虽然事情没有发生在我们身边，但一定要引以为戒，防止意外伤害事故的发生，在实践中理解规则、理解法制，在体育活动中养成遵纪守法的行为习惯，学会自我保护，逐步培养法治意识。

良好习惯的养成，法治意识的形成，需要一个良好的氛围，同时需要一个循序渐进、层层深入的过程。将体育课堂作为法治宣传教育前沿阵地之一，使学生在体育课堂上逐步形成规则意识和法治观念，提高体育课堂对法治教学的实效性。

2.2 在体育比赛中进行维权教育

在人类历史的很早阶段，体育活动就被希腊人理解为自然权利。在这种最初的自然体育权利观念中，已经孕育了早期的正义观，即完美体育、公平竞赛的观念。体育比赛中运动员的义务体现在对体育项目规章制度的遵守，权力体现在享有参与权、平等对待和不被歧视等方面。体育比赛的成绩除了依靠运动员自身的努力外，还有外在的因素，如裁判。运动员有权要求公平竞赛，即要求裁判要公平、公正，严格按照体育项目规则进行判罚。如果裁判的行为是枉法的，或者接受了某些当事人的贿赂或者胁迫，或者犯了一些过失性错误，那么相关运动员就有权要求公平裁判，即可以向有关体育组织提出申诉。

在学校体育比赛中，无论是个人赛事还是集体赛事，尤其在篮球、排球、足球等集体项目的比赛中，我们会发现，如果裁判判罚不公正，就会受到学生的指责，学生会进行维权，在规则范围内争取自己的权益。这实际上就是一种简单的法治意识，学生在比赛场上受到了法治教育，逐步形成了法治观念，不仅养成了遵法、守法的习惯，还提高了对自己权利、义务的认识，增强了维权意识。

在全面依法治国的大环境下，现代社会与法治息息相关，现代教育离开了法治宣传教育，是不完整和不科学的教育。知法、守法、敬法，提高全体国民的法治观念，从学校法治教育着手实施，学生在学习的实践中体验、遵守法纪，把个人需求与自己的权利义务结合起来，与社会责任感联系起来，从而逐步培养学生的法治意识与实践能力，这对预防和减少大学生违法犯罪的发生及促进学生健康成长和全面发展起到重要的作用。

三、体育运动中的规则意识

规则在一定的范围内具有约束力。社会中的各种规则，主要是为了维持社会秩序而设定的。

规则意识是指发自内心的、以规则为行动准绳的意识。常见的有遵守校规、遵守法律、遵守社会公德、遵守游戏规则的意识等。规则意识是现代社会每个公民的必备意识。规则意识有三个层次，首先是指关于规则的知识。比如，不偷不盗、爱国守法、明礼诚信、团结友善、爱护环境、遵守学校纪律、尊敬师长等。

但仅有规则知识是不够的，更重要的是要有遵守规则的意愿和习惯，这是规则意识的第二个层次。比如，谁都知道不能偷盗车辆，这是违反社会秩序、违反校规校纪的行为，但为什么偷盗事件还会发生呢？这是因为有的人没有遵守规则的良好习惯。因此，不仅要有关于规则的知识，更要有遵守规则的意愿和习惯。规则意识的最后一个层次是将遵守规则看成是人的内在需要。在这种境界中，遵守规则已成为人的第二天性，外在规则成为人的内在素质，从而在某种意义上使人获得了真正的自由。

近年来习近平总书记先后发表一系列关于思政教育的重要讲话，多次强调加强思政教育的重要性，并为课程思政建设指明了方向。2020年教育部发布的《高等学校课程思政建设指导纲要》指出，全面推进高校课程思政建设是落实立德树人根本任务的战略举措。规则意识作为课程思政的重要内容之一，是大学生遵守日常行为规范及法律法规的重要基础，但随着社会经济的迅速发展，受网络不良风气和舆论等因素的影响，大学生担负着民族的希望和国家建设的重任，国家能否强盛繁荣，中国特色社会主义事业能否顺利进行，在很大程度上取决于当代大学生包括规则意识在内的综合素质的养成。如果一个人没有一定的规则意识，那么这个人的行为举止会因缺少约束而出现各种问题。在社会生活里，如果没有规则意识，就有可能与他人发生矛盾，甚至可能因违反规则而触犯法律，继而走上犯罪的道路。总之，一个人有没有规则意识，不仅会对个人的办事效率产生影响，而且会决定人生境遇的优劣。因此，坚持依法治国、建设中国特色社会主义法治国家，就必须对青年学生进行规则意识养成教育，这也是当前教育教学的重要内容。

体育作为学校教育的重要组成部分，不仅承载着教授学生体育运动知识、技能，增强学生身体素质，培养学生良好体育意识的基础教育职能，更是培养学生规则意识的重要渠道。体育规则和运动规范是开展体育活动的基础条件，随着体育课程、体育活动的持续进行，学生对规则、规范的理解和认识也会逐渐加深，会慢慢内化为潜在的行为方式。与其他学科相比，体育在规则意识培养中扮演着极其重要的角色。

3.1 规则意识体现为遵守规则、公平竞争

无论是谁，要想进行体育运动，必须遵守相应的体育项目规则。

教学案例：

集体比赛项目更需要团队成员之间的相互配合。一方面，场上的队员要在比赛规则下比赛，不能有任何违规行为；另一方面，团队还要思考如何在规则的许可范围内利用规则，最大限度发挥集体优势，赢得比赛。2021 年 CUBA 全国八强赛次回合比赛中，北京大学击败中国矿大，却因为在常规时间最后 18.3 秒时北大的战术引发巨大争议。当时两队打成 77 平，中国矿大选择战术犯规送北大罚球，而北大教练组布置的战术是故意两罚不中。罗浩源在执行罚球时第一罚提前进线违例，第二罚则故意罚丢，从而将比赛拖进加时赛，并在加时赛获胜。这个战术虽然饱受非议，但北京大学利用规则，在规则允许范围内采取战略，赢得了胜利，完成了最终的晋级。

3.2 规则意识体现为服从裁判

在体育史上出现了很多运动场上遭遇不公判罚的情况,当遇到误判时,要服从判罚,保持冷静,调整情绪,提高自己的情绪控制能力。

3.3 规则意识体现为尊重对手

体育竞赛上有输赢,但是体育精神没有输赢,只有互相尊重、奋力拼搏。

教学案例:

在 2021 年东京奥运会上,在男子个人全能体操决赛中,日本选手在严重失误的情况下夺金,而表现更好的中国选手肖若腾则只拿到了银牌;羽毛球项目中,日本运动员球拍过网击球,竟然被认定合规。中国健儿们在东京奥运会虽然遭遇这么多不公平的对待,却没有做出冲动的行为。运动员肖若腾还在社交媒体上呼吁大家保持冷静,希望大家不要过度攻击运动员本人,运动员都是很棒的,都在为了自己的目标而努力。中国体育代表团发文表达了两个重要观点:第一,拒绝网络暴力,不能故意诋毁和恶意批评任何运动员;第二,希望大家能长期关注中国体育事业,提升体育人口的基数。体育精神,应该体现在相互尊重的基础上,对于对手的尊敬往往比比赛获得胜利更加让人们肃然起敬。真正的强者,往往都能够尊重自己的对手,在尊重中展现高尚的体育精神。

规则意识会使遵守规则逐渐成为运动参与者的下意识的行为，体育在培养、提高学生的规则意识方面有着无可比拟的先天优势。

规则意识的养成教育不是对学生一味地进行规则知识的灌输与强化，而是要让学生积极参与到体育竞赛活动中，亲身感受遵守规则的积极意义。只有这样，学生才能够深刻体会到规则的意义和作用，进而产生强烈的规则意识。

四、体育运动中的诚信意识

诚信意识是人们关于诚实信用的认知、情感、意识、信仰的总和。诚实信用是人们为人处事、待人接物、安身立命的根本，社会经济生活的方方面面无一不因诚信得以和谐发展。党中央高度重视建设社会诚信。2014 年中央印发的《关于推进诚信建设制度化的意见》指出，诚信是社会主义核心价值观的重要内容，是公民基本道德规范，是社会主义市场经济的基础。诚实信用不仅是社会经济生活的基础准则，同时也是校园生活中大学生们学习、生活的日常指引。2020 年教育部印发的《高等学校课程思政建设指导纲要》指出要培育和践行社会主义核心价值观，引导学生提高诚信修养。诚信处于社会主义道德层面的基础地位，关系到学生良好习惯的养成。强化当代大学生社会主义诚信意识的认知与践行，不仅能夯实社会主义意识形态，也能满足大学生幸福成长的需要。

因为诚信的基础性指导意义和作用，其被作为一项基本法律原则确立了下来。《中华人民共和国民法典》规定，从事民事活动，应当遵守诚信原则，秉持诚实，恪守承诺。大学校园生活中随处都需要诚信意识发挥作用，比如，选课之后应当遵守诚信原则，按照约定时间按时上课听讲座，独立完成作业或论文，按时交作业或论文；按照任课老师要求进行交流；不能缺勤甚至请同学代为考勤，不得进行作业或论文抄袭；不得考试作弊；不得请人代考或当"枪手"。上课过程中应当恪守承诺，避免言行不一；尊重教师的教学内容和信息，未经许可不得通过不诚实的方式获取或擅自泄露教师的教学相关信息。上体育课时，应当尊重对手，遵循体育活动的运动规则；在体育活动中遵循奥林匹克体育精神，在平等条件下追求更快、更高、更强、更团结，不能为了获胜不择手段，如实施年龄造假、性别造假、打假球、服用兴奋剂、吹黑哨等不诚信行为。

诚信作为中华民族众多传统美德中的一项重要内容，是学生良好思想道德品质的重要组成部分。学校诚信教育在学生正确的人生观、世界观、价值观的形成过程中起着举足轻重的作用。体育教学作为课程教学有机组成部分，在教学过程中蕴含着丰富的诚信教育素材，可以将诚信教育有机融入教学的过程中，实现教书育人这一终极教育目标。

教师可以要求全体同学在参加体育活动时服从规则的约束，遵守规则，诚实守信。诚实守信是体育教育在强身健体、增强体质这一教学目标之外的另一重要目标。

4.1 诚实守信，不自欺

在体育课堂教学中，可从小处着手，培养学生的诚信意识。体育教学中，教师与学生往往会处在一种特定的"体育"环境中，他们在这个过程中始终进行着"教"与"学"的频繁交流，互动多更有利于教师观察学生的言行。例如，学生存在侥幸心理，在课堂中偶尔会出现替人答到和装病休息的现象，其实很容易被发现，造成这种现象的根源就在于学生们缺乏诚信意识。教师发现这样的问题时应及时制止，严格执行学生守则和考勤制度，防止形成不良课堂风气，让学生感受到诚实、不说谎话是最基本的品质要求，培养学生的诚信意识。高校的体育文化生活是丰富多彩的，学校会组织运动会、各种体育项目的联赛，在参与体育活动过程中，不仅有本队同学的加油助威，还会有对方同学的监督。例如，在学校举行的运动会上，一些集体性项目，比如拔河，对参加人数和男女比例是有要求的，众目睽睽之下，如果有弄虚作假的行为必将被取消比赛资格。体育运动本身具有规则，学生们在参与过程中，潜移默化形成的规则意识，会迁移为诚信意识，在没有人监督的情况下，做到诚实守信，不自欺。

4.2 公平公正，杜绝作假

体育是社会文化的重要组成部分，体育道德的产生与发展取决于整个社会道德的形成和发展，它由社会的上层建筑和经济基础互相作用决定。体育道德旨在调节、制约、规范参与者的行为，保障参与者的身体健康，弘扬体育精神。随着体育赛事的增多，运动员违规使用兴奋剂的案例也层出不穷，兴奋剂的使用破坏了体育伦理，无视体育道德的束缚作用，违背了体育道德应有的诚信、公平、公正的原则。违规使用兴奋剂背离了体育的本质，违反了体育应有的健康、积极、主动、拼搏、勇敢的内涵。使用兴奋剂的行为不仅不被人们接受，而且对使用兴奋剂以求在比赛中取得优异成绩的运动员本人也会造成极为负面的影响，无形中还抹黑了运动员本人所在国家的形象。当代大学生应该了解什么是兴奋剂及它带给个人、社会及国家的伤害,从而杜绝使用兴奋剂,重视体育活动中的诚信意识。

4.2.1 构成兴奋剂违规的行为

根据相关规定,构成兴奋剂违规的行为主要有:

(1)检测结果阳性;

(2)使用或者企图使用兴奋剂;

(3)逃避、拒绝或者未能完成样本采集;

(4)违反行踪信息管理规定;

(5)篡改或企图篡改兴奋剂管制环节;

(6)持有兴奋剂;

(7)从事或者企图从事兴奋剂交易;

(8)对运动员施用或者企图施用兴奋剂;

(9)共谋或企图共谋兴奋剂违规行为;

(10)违反禁止合作规定;

(11)阻止举报或报复举报人;

(12)其他法律法规或者国家体育总局的规范性文件明确将其规定为兴奋剂违规的行为。

4.2.2 使用兴奋剂的危害

研究表明,兴奋剂可使服用者心力衰竭、激动狂躁,成年女性男性化,男子过早秃顶,前列腺肥大,患糖尿病、心脏病等。兴奋剂可引起的中毒症状包括心动过速、瞳孔扩大、血压升高、反射亢进、出汗、寒战、恶心、呕吐,导致过度警觉、激越、斗殴等异常行为。

任何剂量的兴奋剂均损害运动员健康，它破坏科学训练，违背自然规律，有可能导致运动员用药上瘾。兴奋剂不仅残害服用者，也会危害社会和他人。兴奋剂侵犯运动员公平竞争权，还破坏体育价值，损害国家形象。总之，使用兴奋剂会带来巨大的社会危害性，为了保护专业运动员和业余运动员的身心健康，维护体育诚信，应当坚决反对使用兴奋剂。

4.2.3 兴奋剂处罚与兴奋剂违规

兴奋剂处罚与兴奋剂违规并非一回事。兴奋剂违规不考虑运动员主观是否故意，只要查出运动员体内有违禁物质，无论运动员是否存在故意即构成兴奋剂违规。但兴奋剂处罚则是有处罚权的组织根据运动员主观过错程度，予以与过错相适应的处罚，从而达到保护运动员的正当权益的目的。

教学案例：

美国运动员哈迪在一次被查出服用兴奋剂之后，向仲裁小组提供证据辩驳，指出被查出的违禁物质是通过一种保健品意外进入身体的，该保健品的标签上没有"类固醇"之类的字样。在使用该产品前，她曾经与该产品的生产商通过电话，确认里面没有违禁物质。而且她还咨询了队医以及之前曾经使用过该保健品的教练。这些人与生产商回答一样，即该产品是安全的。基于此，仲裁协会小组裁决认为，哈迪体内的药品不是故意摄入的。于是，虽然哈迪构成兴奋剂违规，但是对哈迪的停赛处罚由原来的2年减轻为1年。

如果运动员有立功表现、提供切实协助,帮助反兴奋剂中心发现、指控他人兴奋剂违规的,或者帮助司法机关指控与兴奋剂有关的犯罪或职业违规行为的,可以暂缓实施除取消成绩和信息公开之外的部分处罚。但是,如果执法机关有证据证明运动员多次违规的,或情节特别严重的,将从重处罚。例如,2019年12月,世界反兴奋剂机构执行委员会在瑞士洛桑举行会议,通过了"对俄罗斯禁赛四年"的提案。意味着俄罗斯在之后四年不得参加包括奥运会在内的国际重大赛事,也不得申办和举办国际重大赛事。

2020年7月,世界反兴奋剂机构(world anti-doping agency,WADA)发布了2020—2024发展规划,提出"强化领导力、提升影响力、以运动员为中心、合作与团结、增强可视化水平以及增强执行力"的发展方向,力求保护全世界运动员,维护体育世界诚信。

4.2.4 世界反兴奋剂机构

世界反兴奋剂机构是国际奥林匹克委员会下设的一个独立部门,成立于1999年11月10日,总部位于加拿大蒙特利尔市。世界反兴奋剂机构的主要任务是负责审定和调整违禁药物的名单,确定药检实验室,以及从事反兴奋剂的研究、教育和预防工作。

4.2.5 我国反兴奋剂法律体系

2004年,国务院颁布《反兴奋剂条例》;2006年,中国签署和加入了《反对在体育运动中使用兴奋剂国际公约》;2007年,中国设立反兴奋剂中心,承诺并接受世界反兴奋剂机构指导工作。

多年来，我国根据《世界反兴奋剂条例》，相应出台了《反兴奋剂条例》《反兴奋剂规则》《反兴奋剂教育工作实施细则》《反兴奋剂管理办法》等法律规范。中国目前已经建立起较为完善的反兴奋剂法律体系。

2020年1月1日，第一次以司法解释明确兴奋剂入刑的《兴奋剂刑事案件司法解释》正式生效；2020年12月，《中华人民共和国刑法修正案（十一）》正式通过，增设与兴奋剂有关的罪名。这两件事体现了我国始终旗帜鲜明地反对使用兴奋剂的坚定立场，为从源头上解决兴奋剂问题提供必要的法律保障。目前，我国并未对运动员自主服用兴奋剂的行为加以刑事责任认定，自主服用兴奋剂构成兴奋剂违规的，按照行业内反兴奋剂规则进行处罚。原因是这些行为不像走私、非法经营兴奋剂以及组织他人服用兴奋剂的行为主观恶性大、对社会造成的危害性极大。运动员自主服用兴奋剂的社会危害性并不足以达到刑事犯罪程度，因此通过行业内规范约束即可。

2021年3月施行的《中华人民共和国刑法修正案（十一）》第四十四条规定，在刑法第三百五十五条后增加一条，作为第三百五十五条之一："引诱、教唆、欺骗运动员使用兴奋剂参加国内、国际重大体育竞赛，或者明知运动员参加上述竞赛而向其提供兴奋剂，情节严重的，处三年以下有期徒刑或者拘役，并处罚金。组织、强迫运动员使用兴奋剂参加国内、国际重大体育竞赛的，依照前款的规定从重处罚。"这标志着妨害兴奋剂管理行为入刑，为从源头上解决使用兴奋剂问题提供了更有力的保障。

使用兴奋剂违背体育精神，破坏公平的体育竞赛环境，浪费社会资源，严重的还会影响国家形象和社会风气。诚信的缺失也是造成竞技体育领域出现使用兴奋剂现象的重要原因之一，因此加强诚信教育，是和谐社会的基础，也是国家未来发展的根本。

反兴奋剂事务不仅是国家和行政管理部门的责任，也不仅是专业运动员的特有事务，它适用于任何体育竞赛包括业余赛事在内的业余运动员、运动员辅助人员、教练、队医等。反兴奋剂是全社会的重要责任，服用兴奋剂不仅对运动员的身心健康产生巨大的影响，而且它关乎国家利益、国家形象、体育比赛的公平公正。

在体育课程中应当引导学生积极参加反兴奋剂知识讲座和反兴奋剂教育拓展活动，积极参与反兴奋剂线上学习、反兴奋剂媒体宣传；进一步深入研讨什么是真正的体育精神，为什么要尊重规则；如何鉴别违禁物质；合法善意地举报与涉嫌兴奋剂违规或不遵守相关兴奋剂规定的行为；与兴奋剂违规事件作坚决的斗争，为实现"拿干净金牌"的反兴奋剂长效治理体系做出自己的贡献。

结　语

实现依法治国、构建社会主义和谐社会最根本的方法是树立法治观念、培养公民的法律意识、提高公民的法律素质。这就要求在全国范围内进行深入、持久的法治宣传教育。大学生是接受当代法治宣传教育的主要对象，是国家栋梁之材和未来希望，同时也是实现"依法治国"的重要主体。通过全面加强大学生法治宣传教育，不仅可以培养大学生的社会责任感、法律意识、明确自身的权利与义务，还使其养成懂法、守法、护法、用法的良好习惯，用自身良好的法律行为影响周围群众，有助于带动全民法律素质的提高。这不仅是依法治国、建设社会主义法治国家的需要，也是维持社会秩序稳定的重要基础，对于构建社会主义和谐社会具有重要意义。

第五章

深化体育职业理想，加强职业道德教育

学习要点

1. 理解体育职业道德中的多重体现特征，树立爱岗敬业、诚实守信、自律坚持并追求完美的职业道德意识；

2. 熟练掌握体育职业方面的核心能力，不断探索，提升创新力，培养组织协调能力、决策力以及领导力；

3. 在学习优秀模范实例的过程中培养良好的体育职业品质，提升抗挫折能力、培养顽强拼搏的精神。

导　言

学校应教育学生深刻理解职业精神和职业规范，并引导学生在工作后对其进行实践，增强学生的职业责任感，帮助学生培养遵纪守法、爱岗敬业、无私奉献、诚实守信、公道办事、开拓创新的职业品格和行为习惯。

国家与民族的发展关键在于人才，人才的培养是重中之重。大学生是国家宝贵的人才资源，是民族的希望，祖国的未来，肩负着人民的重托，历史的责任。大学生不只是跨进大学校园学习知识，还应该适应时代要求，成长为有理想、有道德、有知识、诚实守信、爱岗敬业、顽强拼搏，具有创新能力、领导能力和决策能力的卓越人才，才能承担起国家重任。

一、职业道德的培养

1.1　爱岗敬业

爱岗，是指热爱自己的岗位，尽心尽力于本职工作，表现为对本职工作的专心、认真、负责。

敬业是从业者基于对职业的敬畏和热爱而产生的一种全身心投入的认认真真、尽职尽责的职业精神状态。有学者认为，在中国传统社会中，"敬"被看作是一项重要的社会道德规范，具体体现在敬神、敬人和敬业三个方面。敬神之"敬"制约着人对神的行为方式，是一种宗教道德；敬人之"敬"规范着人际交往的态度和行为，是人与人之间的道德准则；敬业之"敬"体现了个体对其工作职责的态度，是人对待工作的一种价值取向要求。

2013年，中共中央办公厅印发的《关于培育和践行社会主义核心价值观的意见》中，明确提出了当代社会所应崇尚的社会主义核心价值观，并将其分为国家、社会和个人三个层次的核心价值观要求，在个人层次上的"敬业"是针对每一个社会成员所提出的价值观要求。价值观是属于精神层面的东西，所以只有具有了敬业的价值观，才具有了敬业精神。

体育课程本身具有促进人的社会化功能，通过体育活动过程中不同角色的扮演，能让学生感受不同角色的责任担当。比如在排球比赛中，只有一传手垫球到位、二传手传好球、主攻手不失误，才能顺利完成一次进攻，所以在遵守规则的前提条件下，每个队员都不能大意，要吃苦耐劳，要有奉献意识，尽己所能完成好每次触球，才能取得比赛的胜利。通过体育运动强化学生的责任意识，有助于学生在今后的工作中树立起遵纪守法、爱岗敬业、乐于奉献的态度。

教学案例： 十年一剑——中国"金哨"马立军

2005年，时逢CBA联赛成立十周年，中国篮协公布了CBA十年杰出贡献奖的评选结果，马立军获得最佳裁判称号。马立军老师参加过五届全运会、三届亚锦赛、两届奥运会的裁判工作，在篮球裁判领域写下浓墨重彩的一笔。

1. 人品永远第一位

篮球裁判犹如篮球世界的一把尺子，这把尺子维持着比赛的秩序，坚守着体育的正义。谈到过往40余年在篮球裁判事业中工作的心得，马立军老师总说"人品好永远是第一位的"。不论在赛场上还是生活中，为人谦和，态度诚恳，学习勤奋，认真求是都是马立军老师身上可贵的品质。

2. 体育不能离开美

马老师在球场上的跑动姿态总是充满活力和美感。为了提高自己的裁判形象，马老师也有自己的妙招，他常常通过阅读书籍和观看比赛、影像资料，学习国内外高水平裁判员的裁判手势、身体姿态等，为形成自己的裁判风格做了大量的研究。在下班后或节假日，马立军老师是北大第二体育馆体操教室的常客，这是因为体操教室的前后各有一面大镜子，他总是独自对着镜子不断练习裁判手势，调整身形姿态，一遍遍尝试，不断完善细节，常常持续数个小时。他认为裁判员在球场上的手势不单是执裁的手段，还是一种身体语言，这种语言的表达不仅要清晰，干净利索，还要具有美感，因为它是篮球裁判职业素养的体现。

3. 各美其美，美人之美

马立军老师曾说，作为篮球裁判，应该让高水平篮球运动员在赛场上尽情发挥，展现篮球运动的精彩与魅力。裁判员不能为了吹罚而吹罚，如何在保证公平比赛的同时服务于保障运动员的最佳表现，其实是一个深刻的问题，也是在成人之美。在参加过两届奥运会的裁判工作后，马立军老师深刻意识到国内外吹罚尺度的不同，国际篮联同事所说的 small fault no call 给了他很大的启发。他认识到通过裁判员执裁尺度与国际接轨，可助力中国篮球和国际篮球水平接轨。马立军老师认为篮球裁判员不仅要在工作中展现出裁判的风度和美感，也要美人之美，成人之美，服务于运动员和篮球事业。

4. 十年一剑

马立军老师谈起过往学习篮球裁判的艰苦岁月，十分感慨，认为那是时代带给他们这一代人的财富。那时候，国内篮球裁判事业刚刚起步，大家在简陋的教室里，自发组织，自愿参加学习裁判知识。这样的学习每周一次，那时交通主要靠自行车，学习地点都在北京城区内，但无论冬天还是夏天，马立军老师和几位北大的裁判老前辈都会一起赶去学习，风雨无阻。马立军老师谈到，那个时候不觉得苦，为了提高自己的业务水平，不论是做临场裁判员还是场下记录台工作，哪怕就是帮着收拾场地器材，他都会抢着去做。"不积跬步，无以至千里"，正是凭着多年的潜心积累和对裁判事业的不懈努力，马老师最终在CBA十年杰出贡献奖评选结果中获得"最佳裁判"称号。

每一个时代有每一个时代不同的背景和任务。马立军老师立足篮球裁判事业近40年，深耕其中，贡献自己全部的青春和力量。他身上这份对于职业的追求，对于道德的坚守，是具有巨大能量的。新时代的学生应该学习这种职业精神，不断严格要求自己，强化责任意识和奉献精神，努力成为有理想、有追求的新青年。

1.2 诚信

诚信即诚实守信，是中华民族的传统美德，是公民道德规范的基本要求，也是当代社会文明的基石和标志。当社会步入市场经济时代后，诚信显得尤为重要，从某种意义上说，诚信是立身之本、企业之本、商家之本、事业之本、立国之本。

诚信有几种不同的含义，其一，是诚实无欺；其二，是相互信任；其三，是信守承诺。这几种要求既是指向主体自我的，又是指向客体的。诚信既是个人的内在品质，也是个人的行为规范。

诚信在道德价值上指向正价值即善的价值，因为这样的行为品质是社会的要求，是人的发展和完善的需要。人是主体性的存在，是按照自己的目的积极能动地进行着创造性的活动。人在社会中只有将自己的真诚展示给他人，才能够赢得他人的信任，才能够彼此信任。人们彼此信任才能够进行更好的合作，有效的合作可以协调各方面的力量，将人力资源的效用发挥到最佳状态，使人的活动能够获得最大效益，从而能够为人的发展和完善提供更好的条件和手段。

诚信是社会交往和经济活动中最基本的道德准则，是维护社会公平正义和经济秩序的重要保障。在社会生活中，每一个人都是有着自主权的主体，人们之间的关系是自由、平等的，因此，彼此有着对等的权利和义务。在诚信方面则应当相互信任，共同履行契约，既要实现自己的权利，也要尊重他人的权利。

然而长期以来，缺乏诚信在社会生活中还是存在的，反映在高校校园里，如考试作弊、体育比赛时冒名顶替等缺乏诚信的事件也时有发生。诚信教育是思想政治教育体系的重要组成部分，应当充分发挥学校教育的优势，贯彻诚信教育，全面提高学生的思想素质。在体育课程教学中，教师可以根据实际情况实施诚信教育，比如，出于运动的安全性、方便性考虑，教师会要求学生上课时穿运动服，然而部分学生总是会找到各种借口不按照要求着装；还有部分学生会以身体不适为由，经常请假。遇到这些情况时教师应渗透诚信教育，及时沟通，了解真实情况，并且通过身边发生的真实事例去教育学生、感染学生，引导他们树立诚信观念；引导他们正确对待错误，做实事，说真话，让他们明白如实告知情况是一种值得推崇的诚信行为。

1.3 自律坚持

自律是一种不可或缺的人格力量，没有它，一切纪律都会变得形同虚设。真正的自律是一种信仰、一种自省、一种自警、一种素质，一种自爱、一种觉悟，它会让人感到幸福快乐、淡定从容、内心强大，永远充满积极向上的力量。坚持就是不改变、不动摇，始终如一。坚持是意志力的良好表现。

大学生在成长的过程中，学习任务重、心理压力大是常态，体育运动不仅可以很好缓解学生的身心压力，促进健康，而且对培养学生自律坚持、不断追求完美的品质有显著的作用。

在体育教学过程中，大学生体育运动自律行为的养成应循序渐进，教师在整个过程中要坚持引导。首先，要引导大学生认识到体育运动是促进健康的有效途径。通过体育教育，让大学生初步了解适度体育运动对健康有促进作用，运动量不足或运动过量都会对健康产生危害,激发其科学锻炼的内在动机。其次,要培养大学生体育运动综合能力。一个人如果有能力且能很熟练地从事某一目标行为时,更易获得自我效能感,为去从事这项行为提供自信力。这两个阶段以学校体育教育为主导,为大学生体育运动自律行为施行做好思想准备和行为能力准备,是"外律"促进"自律"的过程。最后,引导大学生学会根据个体差异设计适合自己的运动方案。运动前进行全面的自我评价,针对自我需要、体育运动资源和能力基础,选择合理的运动方案,科学地进行锻炼;运动持续一段时间后再次进行自我评价,进而不断调整运动方案,直至体育运动自律行为的形成。

二、培养创新能力

创新是引领时代和个人发展的不竭动力,也是高校学生成长过程中必不可少的精神养分。创新文化对学生的心智发展和行为塑造可产生深刻且持久的影响,具有"精神指引"的作用。

创新能力是指不墨守成规、思想解放、能够提出新的问题、善于解决新问题的能力。它是一个人综合素质的最好体现,或者说是一个人综合素质的核心,主要表现为求新求异、独特的思维方式、独立的行为方式等。大学生的创新能力具体表现在以下两个方面:一方面善于获得知识,永远充满获取知识的渴望,并具有较宽广的知识面;另一方面要有创造能力,能把所学到的知识运用到实践中去,为社会生活服务,为终身体育锻炼服务。

党的十八大报告中提出了创新理念,要求全面实施素质教育,深化教育领域综合改革,着力提高教育质量,培养学生社会责任感、创新精神、实践能力。人才创新能力的培养不能脱离学校教育，学校体育作为教育的组成部分，应当树立创新意识，以育"体"为基础、紧契教育的成"人"使命，发挥其在人才创新能力培养中的积极作用。体育课及其课外活动都是在实践中进行的，可以为学生提供充分的观察、思考、操作、实践的机会，帮助学生培养创新能力。

2.1 创设轻松、民主的环境，激发学生的运动兴趣

想要促进学生的创新能力，就应在课上倡导合作、和谐的风气，这也有利于集体创新能力的发挥。体育教学互动性强，师生交流多，学生对任课教师易产生信任感。体育教学的这些特点便于教师创设轻松、民主的课堂氛围，加上教师对学生的鼓励、充分尊重和信任，则更有利于激发学生的创新思维。

体育教学中激发学生的运动兴趣是培养其创新能力的基础。因此，教学内容要新颖，课堂组织教法应有新意，器材的摆放及颜色要多变，练习及游戏的形式要多样化。尽可能组织多种形式和类型的竞赛活动，做好赛前动员鼓励工作，使学生树立敢于拼搏的决心和信心，让学生体验胜利与失败的情感、树立勇往直前的进取精神。竞赛活动既能培养学生的竞争意识，又能促使学生加强团结协同，激发创新能力。

2.2 采取启发性提问，引导学生积极思考

在体育教学过程中教师应多采用启发性提问，帮助学生思考，找出解决问题的最佳方法。例如，在前滚翻动作练习过程中，学生若由于滚翻时没有含胸、低头而产生技术性错误。此

时，教师可以找一个足球和一个瑜伽方砖，分别用力推足球和方砖，并且要求学生观察，进行启发性提问："为什么足球会向前滚动而方砖不会呢？"学生通过观察、思考后纷纷给出正确答案——因为足球是圆形的，与地面接触面积比较小，所以很快向前滚动，而方砖与地面接触面积较大，所以很难向前滚动。通过观察、思考，学生自然了解到做前滚翻动作时要跟足球滚动一样，要含胸、低头，身体紧贴大腿团成球形。

三、培养领导能力

2010年7月，教育部颁发了《国家中长期教育改革和发展规划纲要（2010—2020年）》（以下简称《纲要》）。《纲要》中提出要坚持能力为重，教育学生学会生存生活，学会做人做事，促进学生主动适应社会，开创美好未来。《纲要》还提出要加强体育，牢固树立健康第一的思想，确保学生体育课程和课余活动时间，提高体育教学质量，加强心理健康教育，促进学生身心健康、体魄强健、意志坚强……从《纲要》的内容可以看出，国家中长期教育改革和发展规划中的战略主题要求与领导力培养有许多联系，如"学会做人做事、主动适应社会、意志坚强"等。可以这样说，在体育教学中培养学生的领导能力是实现国家教育战略主题的一种方式。

领导能力不完全是天赋决定的，还可以通过后天的努力训练出来。体育课和体育活动就能够发展学生的社会适应能力，提高学生的领导能力。不同项目可以培养领导力的不同方面，在集体项目中，侧重培养领导力中的沟通能力和团队合作能力等；在个人项目中，侧重培养领导力中的学习能力和感召能力等。

教师还可以通过开展素质拓展课，将运动健身、心理健康、户外技能、团队建设、紧急救护、课程思政等领域进行深度融合，采用"体验式学习"的教学方式，让学生从实践中学习、从体验中成长，培养学生的领导力。素质拓展课可以使用团队模式教学，让学生组成多支7—12人团队，所有团队要在课程中不断地接受具有挑战性的任务和比赛。团队中拥有不同性格和技能的学生为了统一的目标团结到一起，共同接受挑战、共同感受成功、共同分享喜悦、共同感受成长。完成团队任务的过程，即是学生了解自己的优势与不足、发现队友身上的亮点、建立正确的群体和团队意识、学会沟通与奉献的过程，这个过程展现了学生的应变能力和决策力，培养了学生的领导力，对学生进入社会的适应力和生存能力以及职业能力的提升有极大的帮助。

教学案例：拓展小组赛

拓展小组赛案例一：旗语战士

一、背景描述

旗语战士比赛模拟海难情景：假设出海的时候，我们的船遇上大风暴沉没了，有一部分人被救，另外一部分人被冲到了一个小岛上，小岛上的人孤立无援，只能通过旗语来获得营救。要求每个队必须在规定时间内设计一套旗语，发送者与接受者距离100米左右，接收的信息应与发送的信息相吻合。

二、比赛规则

1. 将所有参与的学生进行团队分组，每12人一队，每队再分成人数均等的收发两组；

2. 两个小组分开100米左右，采用非语言方式沟通，如借助旗子和身体姿势来传达信息，禁止打电话或发短信；

3. 比赛开始后，可以事先商量怎样利用旗子进行高效的非语言沟通，商量的时间为15分钟；

4. 当两个小组分开后，拓展教师分发任务书（任务书的内容就是将一句完整的话分成两段，并分别写在两张纸上；内容可以包括汉字、数字、标点符号等。

5. 评分标准：完全正确得100分，有一个错字去1分。

三、注意事项

1. 任务书上的内容应难易适度，难度太大，会影响学生的积极性，难度太小则达不到培训效果；

2. 竞争团队间的任务书必须一致；

3. 比赛结束后，应回收物品，保护环境。

四、组织学生分享心得体会

略。

五、游戏目的

1. 使学生认识到领导力的作用和服从的必要性；

2. 激发学生的潜能，提升想象力和表达能力；

3. 提升学生的沟通能力、决策能力；

4. 提升团队协作能力；

5. 建立队员间的相互信任和默契感。

拓展小组赛案例二：荆棘排雷

一、背景描述

荆棘排雷又名雷区取水，是一个无器械保护的游戏，也是一个个人挑战兼团队协作的游戏，要求学生在规定的时间内把"雷区"中间的"地雷"（用盛有水的杯子模拟地雷）取出来。

二、比赛要求

1. 开始前准备好场地，用蜡细绳围一个直径为 8 米的圆圈，中心放一个装满水的塑料杯；

2. 教师带领学生一起在圈外站好，布置比赛名称、目标、类型和规则，听取学生提问。

三、比赛规则

1. 人及所利用的工具都不可以触及"雷区"内的地面；

2. 凡是进入"雷区"内取水的人都必须戴眼罩；

3. 代替"地雷"的水不能从杯中洒出来；

4. 杯子一旦脱离地面就不能再放下；

5. 违反上述规则的任何一项则游戏重新开始；

6. 所能利用的工具：一捆动力绳以及周边的自然环境。

四、注意事项

1. 注意时刻保护戴眼罩进圈取水的学生的安全；

2. 严格执行规则，一旦有违规行为必须重新开始游戏，如果进度慢，则可适当放松要求；

3. 提醒学生摘眼罩时，应背向光源，慢慢取掉眼罩，用手掌护于眼部前方遮挡光源，稍等片刻后再睁开眼睛；

4. 当学生用绳子捆绑排雷队员时，要帮助其一起进行捆绑，避免太紧造成勒伤，或太松导致中途掉落，同时要时刻提醒拉绳的学生不要松手，如果体力不支，应大声喊出，待其他学生有准备后再松手

五、组织学生分享讨论

教师可以从以下两方面组织学生分享讨论。

1. 在选择排雷人员时，你们是偏向于体重轻的同学，还是身手敏捷的同学？

2. 在比赛过程中，由于各种原因没有参与游戏的学生，你们在旁观时，是在考虑自己的事，还是在鼓励队友或者思考更好的方法？

六、比赛目的及意义

1. 培养学生的领导能力；
2. 培养学生共同战胜困难的决心和勇气；
3. 提高学生组织、沟通和协作的能力与技巧；
4. 培养奉献精神；
5. 理解精确执行命令的重要性，提高制订计划和实施计划的能力。

四、职业品质的培养

4.1 培养坚韧不拔的意志，提升抗挫折能力

习近平总书记强调，要加强学校体育工作，推动青少年文化

学习和体育锻炼协调发展，帮助学生在体育锻炼中享受乐趣、增强体质、健全人格、锻炼意志。体育是教育的重要组成部分，其功能既包括锻炼身体、增强体质，也包括塑造品格、培养精神。也正如教育家蔡元培所说，夫完全人格，首在体育。因此，我们不仅要重视体育强身健体的作用，更要发掘和弘扬体育的育人功能，培养学生坚韧不拔的意志。

现代心理学认为，意志是按照既定目的，以调节内心活动的一种意向活动，意志活动分为决心、信心和恒心三个基本心理过程，这三个心理过程互相促进。近年来，不少学者从不同角度和领域对意志进行了相应的探讨。归纳起来，意志品质是人们在履行道德义务的过程中所表现出来的抉择和坚持精神，意志品质是一种信念。

坚韧，从字面意思理解，一是指物体坚固而柔韧，不容易折断；二是指人的性格品质不屈不挠，意志坚定，坚忍有韧性。坚韧的心理学释义是指在遭遇身体及精神困难、压力时，坚持而不放弃的忍受力，即面对危险与灾难时保持精神的坚定、坚强的耐受力、勇气和后劲的能力。坚韧不拔，形容信念坚定，意志顽强，不可动摇，坚强不屈。一个人若拥有坚韧不拔的意志，在今后学习和工作中必定会有巨大的收获。

挫折有两种意义，其一是指阻碍个体动机性活动的情境；其二是指个体动机受阻后所引起的情绪状态。通常指后一种意义，即个体在从事有目的的活动中遇到障碍难以克服时出现的情绪状态。

当前有很多高校大学生是独生子女，他们从小都是在父母甚至爷爷奶奶、姥姥姥爷的呵护下长大的，且随着社会经济的快速发展，人们生活水平不断提升，作为家中的独生子女，在家时他们的衣食起居大多受到家庭无微不至的照顾。同时随着科技的发展，手机等电子设备成为主要的与人沟通的工具，所以他们接触社会少，参与团队合作等集体活动也不多，在这种环境下长大的这些年轻人，缺乏锻炼心理承受能力和抗挫折能力的机会，在遇到困难时首先想到的是向父母、老师寻求帮助，甚至畏缩和逃避。

大学生坚韧不拔的意志品质的培养是素质教育的重要组成部分，而体育是与之结合最紧密的学科。养成坚韧不拔的意志品质，提升抗挫折能力是大学生完成学业、走向成功的关键一步，也是人格品质塑造的内生动力。意志品质主要包括独立性、果断性、自制性和坚持性，是大学生个体的优秀品质之一，也是其道德人格品质的重要组成部分。

体育教学对大学生意志品质的培养有十分重要的作用。据调查，经常参加体育运动的学生，其意志品质较不经常参加体育运动的学生要强，尤其表现在顽强性、自控能力、果断性、坚韧性和自信心等方面。体育项目繁多，教师可结合不同的项目内容，有目的、有计划地培养大学生的意志品质。例如冰雪体育教育，它具备提升大学生良好意志品质的各种教育元素，如恶劣的天气条件、复杂的技术动作、身体的不适、运动损伤、对冰面的畏惧心理等，只有克服以上困难，在运动过程中学会调节自我情绪、自我激励，才能取得阶段性的成功。随着课程难度的加大，通过不断的学习和训练，大学生由不会到会，由技术动作变形到熟练，由步履蹒跚、几近摔倒到滑行自如、姿势优美，一系列成绩的获得都是在失败与成功的交织中积累而来。困难越大，个体锻炼价值越大。随着对冰雪体育学习的不断深入，技术水平的不断提高，个体的意志力不断增强，心理承受能力不断提升，使其敢于挑战自我，从而学会面对困难、战胜挫折、厚积薄发。大学生在冰雪体育教育中汲取的知识、力量、意志品质、处事能力都将会延伸到学习和生活中，帮助他们在面对困难和挫折时理性思考，做出合理准确的判断。

体育是一项艰苦但令人愉悦的活动，追求的是更快、更高、更强。学生在体育运动中不仅面临体力上的考验，更要经受意志力的磨炼。体育没有捷径，唯有奋发向上、积极进取、艰苦训练、坚持不懈，才能取得进步，获得成功的喜悦。在体育运动中，学生要迫使自己走出舒适圈，走向运动场，向自己的意志力、体力、运动技能发起一次次挑战，在经年累月的坚持中挥洒汗水、磨炼意志和享受快乐，最终养成坚韧不拔的意志品质。

教学案例：在无边的黑暗中创造辉煌

李端五岁进入体校，13岁以篮球特长加入沈阳军区体工队，曾荣获全国青年男篮比赛的扣篮冠军，17岁成为中国篮球CBA联赛沈阳部队的主力后卫、国家青年队主力后卫。然而18岁时却因意外失明。面对突如其来的人生打击，李端曾一度意志消沉，甚至想到过自杀。但医院同一个病房的癌症患者跳楼自杀的行为让李端警醒，他意识到如果用自杀的方式离开世界，自己是解脱了，但伤心的是亲人和朋友，这是对他们的不负责任。李端下定决心要勇敢面对现实，力争让自己的家庭好转起来。可半年后,忙于给他看病的父亲又因胃癌离世让他陷入谷底,同时也让他一夜成熟。强烈的家庭责任感让他重新站了起来,勇敢地面对生活。他从学习盲文和盲人的生活技巧开始,不到3年的时间,获得了中级按摩师证书并重新回到了训练场和赛场。1998年,李端入选辽宁省残疾人田径队,重点训练跳远,标枪为副项。

练习跳远对李端来说更是难上加难,虽然有教练的击掌声作引领,但他还是经常跑歪或者身体落在沙坑外面。"每当遇到困难时,我都在心中默默告诫自己:战士可以受伤,但受伤的战士仍然是战士;军人可以倒下,但军人的意志不能被打垮!"李端说,"军人的字典里只有顽强不屈,勇往直前!"就这样,从立定跳远开始,练习时的步子一点点往后退,渐渐离沙坑越来越远,和教练的配合越来越默契,直至能通过听教练的击掌声准确找到方向并直线跳入沙坑。

在2000年悉尼残奥会上,李端获得F11级三级跳远银牌和跳远铜牌;在2004年雅典残奥会上,他夺得男子F11级跳远和三级跳远两枚金牌;在2006年IPC世界田径锦标赛上,他获男子跳远金牌、三级跳远银牌和标枪铜牌。凭借跳远冠军的"大满贯",他被提名2006年度残疾人体育精神奖。在2008年北京第29届残奥会上,他获得了男子三级跳远F11级的冠军,打破了尘封10年的由西班牙运动员创造的世界纪录。

李端身为体育人,没有因为失明而放弃体育,面对人生挫折,李端选择挑战自我,身残志坚。虽历经磨难,却永不言弃,用拼搏的精神书写了自己无悔的青春,是当代大学生学习的榜样。

从李端身上，我们看到了残疾人的意志与勇气，看到了生命的尊严与价值，看到了残缺身躯无法掩盖的精神的力量。对残疾人运动员而言，每一块奖牌背后都饱含艰辛的汗水与长久的坚持。能站在残奥会赛场上，每一位运动员都是胜利者。

精神无形亦有形。李端自强不息、勇于突破、坚韧不拔的意志、百折不挠的精神，是我们无数青年奋斗、追梦所需要的时代精神，这种奋进的力量将不断启发、感染和鼓舞当代大学生。坚毅可以击败困难，自强可以战胜一切。人的一生不可能总是一帆风顺，遇到不幸和挫折也是常事，只要勇敢面对磨砺和挫折，就会成为生活的强者。

4.2 培养顽强拼搏的精神

精神对人的发展有着重要的能动作用。没有精神，一个国家就没有前途；没有精神，一个民族就没有希望；没有精神，一个人就不会自觉全面地发展。人的精神发展越成熟，人的发展就会越自觉、越主动。精神能支配人们的行为，也是人们行动的内在动力，精神中所蕴含的理想、信念、价值观决定着人的行为取向。

大学时期是一个人精神成人的黄金时期，精神成人对大学生的全面发展有着十分重要的作用。当前社会主义市场经济建设快速发展，在创新、发展为主旋律的今天，在机遇与压力并存的当下，大学生面对的既是一个充满竞争活力和机会的时代，又是一个有着强有力挑战的时代，在现代社会转型、制度创新的历史潮流中，大学生如果没有顽强拼搏的精神，没能在心理上、思想上、观念上转变自己，恐怕很难适应快速发展的社会。顽强拼搏的精神是每个人面对社会、贡献社会、服务社会的人生态度和行为的积极体现，也是人之为人所必须拥有的精神品质，是每个人走向事业成功的精神起点，更是大学生精神成人所需要的重要品质之一。

顽强拼搏精神，是人们在一定的理想、信念驱使下，积极争取、全身心投入的行为态度与意志品质的具体体现，是人们超越自我的力量。拼搏精神是人们走向成功的重要精神品质之一，例如中国女排队员，作为职业体育人，她们全方位诠释了顽强拼搏精神。2019年，习近平总书记在会见女排代表时，将女排精神概括为"祖国至上、团结协作、顽强拼搏、永不言弃"。

40年来，中国女排从辉煌到低谷，再由低谷走向辉煌，女排姑娘们顽强拼搏，无论顺境还是逆境，始终坚持不放弃、竭尽全力、敢打敢拼。女排姑娘们身上这种顽强拼搏的精神值得当代大学生学习，遇到困难不要轻易退缩，无论成败，只要拼尽全力就值得尊重。

拼搏精神的培养需要有高度的自制力、良好的心态、坚韧的意志品质和艰苦的实践奋斗及磨砺。而高校体育将以其学科的特殊性深刻影响并有效培养大学生顽强拼搏的精神。

教学案例：敢为人先，不畏强手

苏炳添作为三十多岁的老将依旧活跃在赛场上，是对顽强拼搏精神的生动诠释。2021年，苏炳添以32岁的年纪在东京奥运会男子百米半决赛中跑出9秒83的成绩，成为首位进入奥运会百米决赛的亚洲选手。他不仅为自己赢得了荣誉，也为祖国争了光，更向世界人民诠释了什么才是"中国速度"。

挑战速度就是挑战极限，每跑出完美的一步、每提升0.01秒，都必须付出超常的努力。国际赛场男子百米的成绩只有短短的10秒左右，须臾之间的成果，背后却需要训练场上日积月累的付出与积淀，每一次风光成绩的背后，都凝聚着艰辛、枯燥乏味与日晒雨淋。

当成绩停滞不前身体饱受伤病折磨时，苏炳添一度也曾想放弃训练，甚至在2017年初曾考虑过退役的问题。即使当时是真的退役，对于拥有全国纪录、亚洲纪录、第一个"破十"的中国人、世锦赛第八名等战绩的苏炳添来说，这些足以证明他在短跑项目上的历史地位。但苏炳添却说："我想要的目标不止这么多，相信自己还有能力在这个跑道上创造更好的成绩，甚至能给国家的接力队带来更多奇迹。"正是为国争光、矢志不渝的信念，才使得苏炳添逆龄而上，凭借日复一日的刻苦训练，不断坚持、尝试与突破，完成了自己的梦想。

为了保证良好的身体状态，苏炳添每天严格遵守作息制度。他每天晚上十点准时关手机睡觉，早睡早起以保证第二天的训练。苏炳添一周训练6天，任何时候都不抽烟、不喝酒，与家人两周见一次，在他心里只有训练以及思考与训练相关的事情。他几乎研究过所有世界百米"飞人"的技术特点，为了突破百米10秒大关，他进行破釜沉舟的技术改进：2015年改换起跑脚由右脚为左脚，尝试将起跑脚步数由原来47步增加到48步，成功跑进10秒大关。2018年改变摆臂姿势，两次追平9秒91的亚洲纪录，并以9秒92赢得雅加达亚运会冠军。很多人都说这么做太冒险，搞不好可能会在后面的世锦赛和奥运会上一败涂地，但苏炳添说："不尝试才会后悔，尝试了即使失败也问心无愧。"苏炳添依靠多年的研究和苦练，找到了适合他的节奏并把这种小步频跑法发展到了非常高的水平。他说："只要能站在跑道上继续训练，我就应该努力坚持，我希望给大家一种正面、有激情、不怕困难的感觉，希望大家有梦想都要顽强拼搏。"正是这种顽强拼搏带来了希望，也成就了苏炳添。

新时代的体育人肩上承担了更多的使命和责任，奥运会也不仅仅是赛场上的争金夺银，更是精神激励、文化传承、国家展示、交流合作的大舞台，是全方位展示中国运动员风采的竞技场。苏炳添不畏惧困难和挑战的顽强拼搏精神，给我们树立了一个很好的榜样。当代大学生要向苏炳添学习，学习他坚韧不拔的意志和顽强拼搏的精神，明确自己努力的方向，持之以恒、永不放弃，总有一天也会登上成功的舞台。

结　语

毛泽东同志曾在《体育之研究》一文中指出"体者，载知识之车而寓道德之舍也""体育一道，配德育与智育，而德智皆寄于体，无体是无德智也"，明确地阐述了体育、智育和德育的关系。体育与德育、智育构成了学校教育的基础，它既是一种学校教育活动，也是全面发展教育目标的构成要素，它要遵循教育的规律,实现"培养全面发展的人"的教育目的。体育对未来社会人才职业素养的影响发挥着积极的作用,对职业道德、职业品质、职业能力都起到教育作用。

体育教育和体育活动的实践参与和互动协作能够培养学生诚实守信、爱岗敬业,坚持自律的职业道德;顽强拼搏,勇于面对挫折,坚韧不拔的意志品质;提升组织沟通能力、领导能力,还能使学生潜移默化地养成集体主义精神和团队合作精神。这些品质和特点,不仅是职场中的闪光点,更是不可或缺的人生态度。

第六章

提高综合素质，
培养体育核心素养

学习要点

1. 从科学角度正确认识体育对健康的多元促进作用；

2. 理解体育运动对于培养健全人格、锤炼意志和享受乐趣的积极价值；

3. 熟练掌握体育运动的实践性、运动性等特征对于生命教育的意义。

导　言

2018年，习近平总书记在全国教育大会上指出要帮助学生在体育锻炼中享受乐趣、增强体质、健全人格、锤炼意志。2020年，中共中央办公厅、国务院办公厅印发了《关于全面加强和改进新时代学校体育工作的意见》，其中指出，学校体育是实现立德树人根本任务、提升学生综合素质的基础性工程，是加快推进教育现代化、建设教育强国和体育强国的重要工作，对于弘扬社会主义核心价值观，培养学生爱国主义、集体主义、社会主义精神和奋发向上、顽强拼搏的意志品质，实现以体育智、以体育心具有独特功能。由此可见，在新时代背景下，学校体育所承担的任务与使命逐渐多元化，是提升新一代青少年学生综合素质的重要途径。

一、体育运动促进健康

在人类发展的历史长河中，体育运动对身体健康的促进作用一直备受关注。早在公元前400年，古希腊医学家希波克拉底就提出体育锻炼是实现健康生活的根本手段。

近代"运动与健康"的研究始于20世纪50年代，当时英国医生 Dr. Morris 通过流行病学调查，发现巴士司机人群冠心病发病率非常高，研究证实运动不足是冠心病发生的主要病因。这一现象的发现引起医学研究者对运动与疾病控制和健康促进的研究兴趣，并推动了这一研究领域的深入和发展。此后，大量的流行病学调查陆续地提供了进一步的证据：规律的、积极的体育锻炼有助于降低患心血管疾病、糖尿病等风险，运动锻炼是促进机体健康，增强人类体质的有效手段。尽管如此，这种观点在当时并未获得人们的共识，也未引起政府和各级卫生健康组织的重视。在20世纪中后期，随着社会机械化、信息化程度的提高，生活中体力活动减少，静态生活方式比例增加，导致社会人口的疾病谱发生改变，运动不足、营养过剩或不平衡所致的社会文明病的发病率提高，如心血管疾病、糖尿病、肥胖病等。也正是在这种背景条件下，各国政府都相应提出了符合时代要求的健康计划，比如中国政府提出的《全民健身计划纲要》，美国政府提出的《2000年人类健康计划》，加拿大政府提出的《健康加拿大计划》，新加坡政府颁布的《生命在于运动计划》等。这些计划的工作重心都是通过各种途径和手段（如积极开展体育活动）有效地预防疾病、促进健康。

积极从事体育运动是人类健康的根本保障。参加体育运动不仅促进身体健康，还可促进人与人之间互相交流、沟通，释放心理压力，调节心理情绪。

1.1 体育运动对神经系统的促进作用

体育运动能促进神经细胞突触中传递神经的介质的生成，并在神经冲动传递时促进许多介质的释放，从而加快突触间的传递速度，提高神经的反应速度和效率。积极参加体育运动可以挖掘左右大脑半球的潜力，促进神经系统的发育，特别是中、长跑和足球等一些耐力性较强的运动项目效果尤为突出。耐力好的人能坚持较长时间的工作、学习，并且精力充沛、头脑清醒、工作效率高。此外，加强体育运动还可以有效预防神经症，减少神经性疾病的发生。

1.2 体育运动对循环系统的促进作用

体育运动能使心脏的每搏输出量增加，静息心率下降，并使冠状动脉得到充分的扩张和足够的休息，心肌血液供应充足，心肌内毛细血管增多，心肌纤维增粗，从而增加心肌收缩力。运动时血液循环加速，给血管本身带来营养物质的同时，也带走了血管细胞的代谢产物，增强血管弹性，消除附着于动脉管壁的沉积物，延缓血管硬化过程，减小血管外周阻力。经常进行体育运动能使血管内皮细胞产生更多的舒血管物质，不仅可以预防高血压、动脉粥样硬化等血管性疾病，还可以有效增强淋巴细胞的免疫活性，从而大大提高人体的抵抗能力。

1.3 体育运动对呼吸系统的促进作用

体育运动过程中，肌肉活动需要消耗大量的氧气和营养物质，同时也会产生大量的二氧化碳，此时呼吸器官必然要加倍工作。随着呼吸运动的加强，呼吸变得主动、加深，呼吸的幅度得到扩展，从而提高肺的气体交换率，同时，膈肌、肋间肌、腹肌和肩背部的肌肉也得到了运动，可以防御一些常见的呼吸系统疾病，如气管炎、支气管炎等。

1.4 体育运动对骨骼的促进作用

美国运动医学学会提出，负荷训练和抗阻练习有助于提高骨密度，运动使骨密度增加的机制包括：机械用力对骨骼产生刺激作用，激活成骨细胞，促进骨的形成；运动使骨血流量增加，促进前列腺素释放；运动使绝经后妇女血中雄激素的浓度降低，雌激素的浓度增加，降低骨组织对甲状旁腺的感受性，减弱破骨细胞的活力；长期运动可以降低血液中胰岛素水平，提高胰高血糖素、儿茶酚胺及促甲状腺素的水平，从而增加骨矿的含量。例如，快步行走的健身运动形式有利于中老年女性促进骨骼健康和保持正常骨代谢水平。

1.5 体育运动对一些疾病有预防作用

积极从事体育运动是人类健康的根本保障。研究表明：积极从事体育运动有助于保持身体的柔韧性和灵活性，增强肌肉、关节和骨骼的功能，提高心脏的工作质量，改善血液循环，预防心血管疾病，改善失眠和妇女绝经期症状，并有助于许多慢性躯体性疾病的控制和治疗；健美操、跑步和室内健身运动有利于改善阿尔茨海默病患者椎基底动脉血流速度；有氧运动具有减肥、降糖、降脂和防治脂肪肝的良好作用。

尽管体育运动可以增强体质，促进身心健康，但并不意味着强健的体魄取决于运动强度的不断增强。如果从事过于剧烈的体育运动，往往会对身体健康造成许多不良影响。因为剧烈的体育运动使机体的各个系统、器官都处于高度的应激状态，能源物质过度消耗，代谢产物大量堆积，容易造成酸碱失衡和内环境紊乱，从而导致一些严重的运动性疾病，如运动性高血压、运动性贫血、运动性尿液异常等的发生。

不科学的体育运动方式不仅损害身体健康，还会给心理健康带来负面影响，主要表现为心理耗竭和运动依赖性。心理耗竭是指运动者在长期面对高压力环境、活动强度过大或时间过长，而造成的一种不良的心理状态。它通常表现为对运动的兴趣、目标和动机逐渐丧失。该症状不仅会损害锻炼者的心理健康，还可能直接导致其退出锻炼。运动依赖性是指运动者对有规律的运动的持续性需求和心理依赖。积极运动依赖的人能控制运动行为，运动后有积极的情感体验，而消极运动依赖的人却容易被运动行为控制，运动后往往会产生更多抑郁、焦虑和愤怒等负面的情绪体验。

促进健康的身体运动应该适度，这主要指运动的形式、强度、时间、频率和注意事项。一些国家和国际组织为此制定了相关运动指南。

二、体育运动之健全人格

早在百年前，北大校长蔡元培就提出了其"健全人格教育思想"，而体育运动是健全人格的首要方法。

人格是相对于认知、情绪、意志等而言的一种心理现象，亦称个性，它反映一个人的总的心理面貌，是相对稳定的，具有独特倾向的心理特征的总和。一般认为，人格由气质、性格、能力、兴趣、爱好、需要、理想、信念等诸因素构成，这些因素的相互作用构成了一个人的人格。人格是人的心理行为的基础，它在很大程度上决定了人如何面对外界的刺激并做出反应以及反应的方向、速度、程度、效果。进一步说，人格会影响人的身心健康及社会适应能力状况。心身医学的研究表明，许多生理疾病都有相应的人格特征模式，这种人格特征在疾病的发生、发展过程中起着生成、促进、催化的作用。例如，在同样的环境刺激下，有的人易患心血管系统疾病，有的人易患消化系统疾病，有的人却不受影响，这都跟人的个性特点和行为模式有一定的联系。

塑造健全的人格的目的不仅是为了避免身心疾病，更重要的是发挥人格最佳作用，达到自我实现。一个性情开朗、乐观、热情大方、善于交际、诚恳忠实的人，往往比较容易获得群体和他人的悦纳，也比较容易获得帮助，有利于身心愉悦。

知识经济时代必将对人才的培养提出更新、更高的要求。大学时期是学生接受教育的重要阶段，教师不仅要对学生进行专业知识、专业技能的传授，更重要的是对学生进行综合素质的培养，使之养成终身学习的习惯，最终成为未来社会具有健全人格的人。

体育运动能够促进智力发展、塑造人的认知系统。经常参加体育运动能促进人体血液循环，提高呼吸系统机能，使大脑获得更多氧气，增强神经系统的功能，并充分锻炼大脑组织，为智力发展奠定物质基础。体育运动的许多内容是在与对手积极的对抗条件下进行的，情况瞬息万变，选择和决策往往受时间和场地等条件的严格限制，因而要求体育运动者要有迅速而正确的感知能力，快速的思维能力和稳定的注意力。

体育运动还能够优化自我概念。自我概念是个体主观上对自己的整体认识和评价。身体自我是自我概念的一部分，包括身体表象和身体自尊。身体表象指个体头脑中形成的身体图像。身体自尊则是对自身外观及身体状况和能力的评价，包括对身体外貌的评价、身体健康状况和身体抵抗能力的评价、运动能力的评价。体育运动可以使人体格强健、体型优美、精力充沛，从而提升身体表象、身体自尊，并最终优化身体自我和整体自我概念。

体育运动还可以丰富情绪情感体验。情绪情感是个体对客观世界的主观体验，来自客观世界的刺激越丰富，情绪情感体验就越复杂和强烈。体育活动本身蕴含着各种丰富的刺激，除机体本身感受到的直接刺激和产生的感受之外，还有诸如克服困难、对抗竞争、成败的不确定性、冒险、成功、失败等，这些都相应地引起各种各样强烈而深刻的情绪情感。

体育运动有利于保持积极的情绪情感状态。体育运动可以宣泄、中和、抵消和转移消极的情绪，如宣泄愤怒、压抑，降低焦虑和抑郁；体育运动通过提高自我控制感、成就感、身体自尊和增加人际交往等来提高个体主观幸福感；适度的体育运动能促使人体释放内啡肽和多巴胺，使人直接感受到愉悦的情绪；体育运动还能使人产生一些积极的特殊情绪体验，如高峰体验、流畅体验等。

体育运动还可以提高情绪的控制和调节能力。体育运动要求个体具备充沛的情绪，这是推动内部机体力量的条件；还要求个体具备情绪的稳定性，这是保证运动过程持续进行的基础；还需要个体会调节情绪的紧张度，以保证在体育运动比赛瞬息万变的情况中，在短时间内调动自身的潜能。

三、体育运动之锤炼意志

我国体育教育家马约翰在《体育的迁移价值》中提出："运动

是培养学生的极好场所，体育锻炼可以培养学生勇敢的精神、坚强的意志、自信心、进取心和竞争胜利的心理。"桑新民等在《教育哲学的对话》中强调，现代教育很需要通过体育训练加强学生身心磨炼，让学生吃点苦头，强壮筋骨，增强体质。与此同时，现代心理学认为，优秀的意志品质是构成学生良好心理素质的要素之一。要培养学生坚强的意志力，必须从意志品质的培养入手。

近年来，不少学者从不同角度和领域对意志进行了相应的探讨。归纳起来，意志品质是人们在履行道德义务的过程中所表现出来的抉择和坚持精神，意志品质是一种信念。

体育既是一种展现人类意志、理想和创造性力的活动，同时又是一种合乎规律性的活动，它是人有目的、有意识地进行专门的身体锻炼的过程。在这种明确目的的指引下，人们在体育运动中努力实现和达到自己的目标。例如一般性体育锻炼者，为增强自己的体质，使自己的身体达到某种健康指标，从而采取各种练习方法。他们不受气候的干扰，不受时间、场地的限制，坚持不懈，始终不渝，直至达成目标。再如，体育教学的主要目标是培养教学对象的体育运动能力，使其学会和掌握一至两项终身锻炼的运动技术。人们在通向目标的阶梯上始终如一地登攀的过程，就是强化意志的过程。

体育运动对意志独立性的程度要求较高，这是由体育运动的特点决定的。体育运动的很多项目都由个人完成，即使是集体项目，也要在个人独立完成动作的情况下，进行集体配合。因此，它对个人意志的独立性提出了要求，如练习者或参赛者要善于独立发现训练和比赛中的问题和解决这些问题的办法，少为不符合竞赛目的的主客观因素所干扰，无论在什么情况下，做什么、怎样做都由自己来决定。在风云变幻的赛场上，沉着、镇定地采取相应的有力措施，善于发挥自己的技术水平，巧妙地渡过难关，取得和创造出好的成绩，非有意志的独立性不可，竞技场对于一个依赖性强的人是难以容忍的。

体育运动对意志的坚持性要求较高。体育运动是一种开发人的潜力的实践活动，它是一个长期的、艰苦的，需要坚持的过程。体育运动是一个长期的过程，是因为要突破一个身体指标、刷新一个纪录，都要经过几年乃至十几年的艰苦、细致的磨炼。它要求运动者在长时间内毫不松懈地保持身心的紧张状态，在任何情况下都坚持不变。坚持性能够激励个人建立起克服困难的信心和决心，产生坚韧的毅力，不怕任何困难，不顾任何挫折与失败，始终不渝，直至达到目的。同时，体育运动又是艰苦的。发掘和拓展人自身的过程就是对人体机能指标的一次又一次地突破，它伴随着疲劳、伤痛、汗水甚至鲜血。体育运动需要坚韧不拔，百折不挠，不达目的决不罢休的意志品质。体育运动的不断发展离不开体育健儿良好的意志品质。

体育运动对学生意志品质与心理健康有着重要影响。有研究表明，学生参与体育运动的时间、频率与个体的愉悦感呈正相关。体育运动能够促使人体产生内啡肽和多巴胺，从而使人产生愉悦感，消解负面情绪对人的不良影响。

体育运动在学生意志品质培养中发挥着重要作用。学生在进行体育运动时，可以根据自身需求，自主选择运动项目，达到增强个人体质、促进身体发展、调节精神状态、丰富文化生活等目的。

体育运动对学生意志品质的影响主要表现在以下方面：

第一，体育运动能够强化学生的目标性，激发学生行动的自觉性。学生个体意志需要通过一定的动机来激发，动机的形成需要依靠具体且明确的目标。体育运动是一种带有目标性的身体活动，体育运动项目都具有明确的达标考核方式与要求，学生为了完成考核，需要目标明确地投入体育训练之中，通过一段时间的坚持，能潜移默化地增强学生在从事其他活动时的目标性，促进学生个体意志品质的塑造与形成。同时，体育运动能够强壮身体、塑形减脂，有些学生会基于此目标而进行相关体育运动，进一步增强运动的自觉性。

第二，体育运动能够有针对性地矫正学生差异化的意志品质。每个学生都是具有差异化的独立个体，他们所呈现的意志类型也不相同。不同的体育运动项目能够在一定程度上帮助学生矫正意志品质中的弱点，进一步完善个体品质。如长跑、游泳等项目，对毅力缺乏的学生具有一定的矫正作用，能够激发学生行动的恒心与韧性；散打、乒乓球、武术等项目，对于胆小怯懦、没有主见的学生具有一定的矫正作用，因为这些项目需要较快的反应速度，能够培养学生果断、勇敢的意志品质；围棋、象棋、射击等项目，对做事不稳重、轻率冒失的学生能够产生一定矫正效果，磨炼学生耐性，使其养成沉着冷静的品质与习惯。

第三，体育运动能够增强学生自我控制能力。自我控制能力是意志品质的重要组成部分。学生往往存在摆脱外界约束与控制的心理，想要实现自由、独立，因而自我控制能力差等问题在学生中普遍存在。如果为学生制订并实施系统的体育运动计划，并设定严格的考核标准，则会增强学生行为的目标性，帮助学生养成自我激励、自我命令、自我监督等良好习惯，提升个体行为的自觉性与纪律性。

体育运动有助于学生意志品质培养，对学生情感及心理健康有着重要作用，能够帮助学生提升综合素质，促进学生全面发展。因此，学校应注重和加强学生的体育锻炼，充分发挥体育运动在意志品质培养中的作用，提升学生的意志品质水平，进一步培养学生对体育运动的兴趣，促进学生身心发展。

> **教学案例**：国防体育元素与体能课程教学的"融合式主题教育"
>
> **思政学习要点：**
>
> 通过丰富高校体育教学内容，营造国防元素的体育教学情景，通过在教学中设计与英雄事迹、著名战役相对应的课例，激发学生的爱国情怀和国防意识，使学生自主参与到国防体育元素教学活动当中，提高学生的积极性和主动性，在增强学生体能的同时，帮助学生掌握军事技能，提升国防素养。
>
> **教学方法创新：**
>
> 1. 在体能课程中增设军事体能训练内容，发展大学生的身体素质，提高身体机能，培养团队协作精神。
>
> 2. 采用融入式教育，打造军事主题教学模式，使大学生沉浸式体验战争环境下过硬的身体素质的重要性，打磨钢铁般的意志，培养他们不惧牺牲的集体主义精神。
>
> 3. 通过教学情景与条件的创设，引导学生主动关注国防动态，养成国防意识，培养有血性的新时代青年。

教学素材：

1. 课程思政融合实践路径：开展国防体育与体能课程的融合式主题教育，将国防体育元素充实到高校体育课程中，丰富教学方法和手段，完善教学过程，创设教学情景。在教学中创新设计与国防体育相关的战争情景、英雄故事，形成直观生动的教学案例，引导学生在体育活动中增强国防意识和爱国主义精神。

2. 教学实践中的具体实践路径包括：

(1)组织学生在不同地形地貌条件下进行定向越野跑，这项活动能在提高学生心肺耐力、帮助其掌握在户外环境中辨识方向的技能的同时，培养学生坚韧的意志、顽强拼搏的精神。

(2)模拟边境冲突和战争情景，讲解、分析面临复杂环境时，所需要的体能条件、技能水平以及管理能力与意识，培养学生爱国主义精神、忧患意识和国防意识。

(3)在教学中创设如"长津湖战役""上甘岭战役""渡江战役"等战争模拟情景，培养学生不怕牺牲、顽强拼搏的意志品质。

(4)将国防战术经常使用的"协同作战""小分队作战"等组织形式，设计成教学情景，融入体育课程教学中，培养学生团结协作意识、责任意识和协调组织能力，特别是在危机或危难关头保持冷静判断、果断决策的能力。

3. 体能元素与国防素质训练的融合式教育：主要强调训练环境、器材环境、场地环境、情景环境等。跟体能的五大要素相比，国防素质更加强调耐力、攀、爬、翻、跃、跳、跑等，运动形式可以为匍匐、翻越障碍、投手榴弹、搬运弹药箱、障碍独木桥等。

4. 运动技能与国防军事技能的融合式教育。国防军事技能的主要内容包括站军姿、队列训练、野外生存、定向越野、军体拳、自救和互救等技能本领。将国防军事技能与运动技能融合开展主题教育，是全民国防教育在高校的巩固和发展，它不仅丰富了体育课课程内容，增强了体育课的实践性、挑战性，也拓展了体育课的功能，有效提高学生的学习兴趣，也能为我国的国防后备人才培养提供有力支持。

5. 编创、开发国防体育融入高校体育课程的教学道具，开发教学器材，如运用激光枪、模拟枪，模拟仿真的弹药包、手榴弹，模拟假人等。创设虚拟仿真、沉浸体验式的教学情境，如设计实战地形地貌场地，创设高温、严寒、饥饿、干旱等艰苦战争条件，让学生体验最为逼真的教学情景，培养在真实环境条件下的体能水平，独立生存的技能和不畏艰难、钢铁般的意志，助力国防体育融入教育的各环节。

6. 运用现代教育技术手段，如用音像激光和计算机模拟等手段定量描述、展示传统国防体育教学中难以准确讲解的内容，增强教学的直观性、可理解性和趣味性。

四、体育运动之享受乐趣

2020年4月27日，中央全面深化改革委员会第十三次会议审议通过了《关于深化体教融合　促进青少年健康发展的意见》，其中第一条进一步明确了"帮助学生在体育锻炼中享受乐趣"的目标。享受体育运动乐趣是增强体质、健全人格、锤炼意志的逻辑起点，大学生如缺少运动乐趣体验，就无法长期参与体育运动，增强体质、健全人格、锤炼意志也就失去了载体。

运动乐趣一般被理解为个体在参与体育运动中产生的高兴、愉悦、快乐等积极的情绪和情感体验。研究表明，以享受乐趣为目的参与体育运动的学生比以保持健康为目的而参与体育运动的学生的运动动机更强。Rikard等曾调查学生对体育的态度，发现19%的学生喜欢体育运动是因为在体育参与过程中获得了乐趣，乐趣是喜欢体育运动的最重要原因，同时，无乐趣也是学生退出体育运动的第二重要原因。产生乐趣的体育运动能增加人们（特别是青少年）的运动动机和运动兴趣，从而提升参与体育运动的可能性。

享受体育运动的乐趣能够培养人的乐观情绪。在古代社会，射御、角抵、石球、击壤、围棋、投壶、蹴鞠、骑射、赛龙舟等多种兼具娱乐功能的体育活动满足了人们欢愉身心、启迪智慧的需求。具有中国特色的体育乐观精神，在艰苦年代，是运动员不畏艰苦、顽强拼搏、以苦为乐。在新时代，这种以苦为乐转化成主动创造快乐，享受运动本身带来的乐趣。群众体育运动的广泛开展，以及学校体育的不断优化转型，更是创造并享受快乐的真实写照。

体育运动能促进个体的社会化。体育场就是一个浓缩的社会，正如它的组织、形态，它的规则与法律，还有它的公平、公正、合作与竞争，无不折射社会的形态和机制。个体在体育中离不开集体，在体育活动特别是集体活动中，个体可以了解和体验一系列问题，如价值观念、团队规范、结构、角色、权利、责任；在活动中学会合作和公平竞争，发展人际交往能力，形成归属感和团队意识，这些都是个体社会化的过程，并为个体适应社会做好准备。

体育运动能培养积极人格。积极心理学提倡研究人格中的积极方面，主张通过形成积极的生活体验来塑造积极的人格特质。体育不但能矫正、稳定、塑造完整人格，更能有效培养"积极人格"，形成身心两方面的积极体验。体育运动能够让人宣泄身体能量，满足人本能的运动需要，从而获得身体上的快乐，如刺激、兴奋、放松、运动愉快感等；在体育运动中，个体通过身体控制能力的提高来提高自我控制感；体育运动中的成功经验能增强自信，提高成就感；参与体育运动能改善人际关系，带来归属感和安全感；体育运动可以改善身体外貌和身体活动能力，提高个体的自我认知与自我评价。这些可以满足人的社会性需要，给人带来深层次的心理愉悦。

五、体育教育之生命教育

体育教育的实践性、运动性决定了其相对其他学科的教学，具有更鲜明的生命特征。身体运动是体育教学的主要形式，体育知识、技术、技能是在动态互动中进行的。"动"是体育教学的主要特征，生命的意义、生命的价值、生命的智慧在"动"中得以张扬。

我国著名学者万国华认为体育教育是最具生命性的事业。"生命"是体育教育的内核，以"生命为本"的生命化的体育教育实践势在必行。在生命教育与体育教育的融合下，要将生命教育纳入体育教育的课程目标之中。体育课程教学实践应融入"生存、生活、生命、心灵"教育，实现健康第一的目标。

5.1 体育教育的生命特征

"生命"是体育教育的内核，要将培育完满和谐的生命作为体育教育终极指向，就要实现体育教育的生命化，应该牢牢树立"生命为本"的体育课程理念。这一理念是指体育教育要促进自然生命、精神生命和社会生命的健康发展，重视自然生命存在与保全的基础性，遵循生命规律，促进学生生命机体优化，培养其养护生命的能力，增强其生命活力；使学生正确认识生命、理解生命，感受生命之美，引导其尊重生命、珍视生命，培养其积极生活态度与健全人格，提升与发展其生命价值，实现生命的全面性开发和生命的可持续性发展。

体育课程是体育教育的重要组成部分，在体育课程中树立"生命为本"的理念，不仅有助于学生的身体、心理及社会适应的三维健康，更有助于发挥"体育教育要依据生命的发展需要及规律，尊重生命，开发生命，完善生命，提升生命的意义"的内在价值。

例如，户外运动就很好地从身体、精神和社会三个方面诠释了生命教育。在攀岩运动中，强调身心平衡，眼、手、脚协同。这是与高空、重力、岩石地貌的对话。在越野跑运动中，强调个人意志相对于自然的突破，气候环境与身体代谢的契合，路径感知与大脑的交互，从而促使人与自然和谐相处。这是与大地、森林、花草和远方的对话。在登山运动中，强调人与自然的适应，对未知的突破，个人与团队的配合，建立人与环境友好相处的关系。这是与山岳星辰、冰川雪原、蓝天白云的对话。通过户外运动与自然的对话，感受身体、思想的存在，内化于心，外显于神。如此这般地建构，让身体成为改造的主体和对象，以身体改造为起点，从而延展到生活哲学、社会哲学和生命哲学。

5.2 体育教育的生命化

体育教育要尊重生命的独特性和多样性，呈现每一位学生的个性，同时也要尊重学生的自主性，发展学生的创造力。开展生命化体育教育课程，要做到以下三点：

1. 体育课程的生命化

体育课程的教学理念要实现"健康第一"向"生命为本"的转化。体育课程要增进学生对生命的理解，使学生形成对生命的正确认识，感受生命的魅力，尊重生命，珍视生命。

2. 体育教师的生命化

体育教师应对生命教育有着充分的认识和理解，创设生命化课堂，实现体育教育和生命教育的融合，利用生命教育案例库，用生动鲜活的例子向学生传授生命教育的内涵。

3. 体育课堂的生命化

体育教育要依据生命的发展需要以及规律，树立培育"全人"的根本教育宗旨，要促进人的全面发展，培育完满和谐的生命，彰显体育课程的生命教育价值。

体育教育要有效实现各阶段有机衔接、循序渐进和全面系统的生命教育目标，进而完善体育课程目标体系。因此，建议在教学中由浅入深引导学生理解、尊重与珍爱生命；提高生命安全教育的重视程度，并将生命安全教育贯穿基础教育的整个过程；在生命教育的教学实践中使学生加深对生命的体验，提高对生命的认识、实现自我的生命价值等基本原则。

体育课堂的生命化应融合生动活泼、学生喜闻乐见、易于接受的教学内容。例如，在运动安全教育中，请专业的运动员介绍在比赛训练中容易出现的身体损伤，通过实例与现场体验，使学生深知保全自然生命是实现生命意义的前提条件；在体育美学的教学中，着重选择对花样滑冰、体操等项目进行分析，带领学生体会身体美、运动美及健康美，增强学生审美意识和能力，感受生命之美；在有目标性的训练中，适当给学生安排比较难完成的任务，进行一定的挫折教育，培养学生健康的心态，培养其在逆境中解决问题、正确地面对艰难坎坷、悦纳自己的能力；等等。

第七章

奥林匹克文化及其教育价值

学习要点

1. 熟练掌握奥林匹克历史发展的关键性事件及其教育意义；

2. 认识双奥的举办对于彰显国家软实力以及传承奥林匹克精神的重要价值；

3. 理解双奥遗产的体育与教育价值，包括对全民健身运动的影响和对青少年的榜样作用。

导　言

奥林匹克运动是当今国际社会生命力旺盛、辐射力巨大、影响力深远的社会运动。作为在奥林匹克运动中具有重要地位、发挥巨大作用的国家，中国历来重视奥林匹克运动对社会稳定与社会进步作用，也一直从奥林匹克运动的发展壮大中获益良多。回溯历史、展望未来，中国百余年的奥林匹克运动之路历经坎坷、阅尽沧桑，在新时代发出了最强音、创造了新辉煌。

中国人民大学文学院教授金元浦认为从2008年北京奥运会到2022年北京冬奥会，人文精神贯穿始终。中国人民张开双臂，欢迎世界各地人们来到中国，在这里中国文化与世界文化、奥林匹克文化互相交融，西方文化与中国文化交流互鉴。2008年我们努力展示一个新的中国形象，迫切地把中国的历史、中国的文化、中国的成就讲给全世界听。2022年我们看到的是文化的自信、对世界的包容以及对奥林匹克运动站位更高的支持。"世界大同，天下一家"的开幕式主题，"一起向未来"等口号的提出，再次向世界彰显了"人类命运共同体"的理念。

一、奥林匹克的精神与发展

奥林匹克来自西方，它是一种从体育运动精神提炼出来的人类美好的文化，它的格言是更快、更高、更强——更团结。在这种奥林匹克文化的指导下，国际奥林匹克委员会每四年举办一次世界规模最大的综合性运动会——奥运会，全世界最优秀的健儿每四年都会在不同地区举办的奥运会上比拼精神、技术、智慧，奥运会的举办不仅是对奥林匹克文化的宣传，同时对举办国家的经济、文化等方面的发展也很有帮助。

1.1 现代奥林匹克格言：更快、更高、更强

奥林匹克格言有着悠久的历史、意蕴深远，同时表征着奥林匹克运动的精神主旨。被誉为"现代奥林匹克之父"的顾拜旦希望通过重振奥林匹克的和平精神，为克服狭隘民族主义作贡献。在顾拜旦的提议下，国际奥委会于1913年将"更快、更高、更强"正式确认为奥林匹克格言，并在1920年安特卫普奥运会上首次使用。顾拜旦认为这六个字简洁有力，体现了体育运动的特点，非常适合现代奥林匹克运动。它不仅体现跑得快、跳得高、力量强，还体现近代社会以来人类不断向上追求的奋斗精神，这正是现代奥林匹克崇高理想的伟大表征。顾拜旦希望通过"更快、更高、更强"的运动口号来促进社会的进步。这一口号鼓励人们不断战胜人体极限，不断超越人类自身、自然的理念，成为奥林匹克特别是奥运会的巨大的推动力与精神支柱。"更快、更高、更强"的奥林匹克格言本质上即是弘扬崇高的体育精神，树立人类永无止境的进取目标，推动体育社会乃至人类社会快速向前发展。

1.2 奥林匹克新理念与新精神：更团结

现代奥林匹克运动在蒸蒸日上的同时，也面临一些严重问

题：有限资源与无限超越的矛盾，奥运理想与生存发展的矛盾，参与主体不同利益冲突的矛盾。国际奥委会第八任主席罗格在其就职演说中提到要继续保留奥林匹克更快、更高、更强的格言，但是在新世纪来临的时候，或许对体育来讲需要新的格言，那就是更干净、更人性、更团结。2021年7月20日，国际奥委会第138次全会投票表决，同意在奥林匹克格言"更快、更高、更强"之后加入"更团结"，奥林匹克格言自此变为"更快、更高、更强——更团结"。

从"更快、更高、更强"到"更团结"，反映了奥林匹克从对人类身体机能"更快、更高、更强"的鼓励，到对人类命运共同体应"更团结"的升华。面对复杂的现代社会环境，奥林匹克格言中的"更团结"凝聚着构建人类命运共同体的共识。奥运赛场被视为国家实力的比拼场，基于血缘、地缘建构的国家共同体在传统文化、民族性格等的浸润与延续中打破了个体隔阂，融为一体，然而这种融合与团结仍具有区隔。有鉴于此，打破区隔、促进各个国家间的融合与团结，通过奥林匹克构建人类命运共同体、促进人类团结，成为奥林匹克提出"更团结"的目的所在。

"更团结"这一奥林匹克运动的新精神、新理念与我国传统文化所推崇的"和谐"有着异曲同工之妙，它不仅可以为现代奥林匹克运动应对诸多挑战确立价值原则，也为现代奥林匹克运动未来发展确立了价值取向；它为我们提供了处理不同文化在全球化冲击下的发展模式，提供了解决不同需求在奥林匹克运动中利益冲突的理想范式，提供了奥林匹克运动的未来发展思路与方法基础——互补共荣。

1.3 奥林匹克的性别平等之路

"现代奥林匹克之父"顾拜旦虽一手创建了奥运会，但却一直坚持奥运赛场是女性的禁区。古希腊，女性被禁止参加比赛，甚至被剥夺当观众的机会。顾拜旦及其当时主要是由贵族组成的国际奥委会遵循古代奥运会传统，他们认为让女性出席奥运会，无非是让她们给获得优胜的男选手戴戴月桂冠而已。即便是现代奥运会开创初期，女性也难以叩开奥运赛场的大门。

1896 年，雅典举办了首届现代奥运会，当时的国际奥委会仍循旧制，将女性排斥在外。直到 1900 年第二届巴黎奥运会上，才出现了女性运动员的身姿。但当时的女性运动员依旧穿着长裙，只能报名网球和高尔夫球这两项运动。来自英国的选手夏洛特·库珀拿下了网球女子单打冠军，成为史上第一位获得奥运金牌的女性。

现在奥运会上女性拿奖的情况是平常多见的。女性能够获得今日的成就，是在一代代奥运健儿和奥运会组织者共同努力下来之不易的结果，也和女性地位与性别平权意识的提高有着密不可分的关系。一方面，这表现为女性项目的增多。但在漫长的一段时间中，女子运动项目是缓和被动地加入奥运会赛事中的。另一方面，奥运会在举办过程中影响力逐渐扩大，参赛国越来越多，各国派出女性运动员的比例也在逐年增高，女性运动员参赛人数规模也在扩大，越来越多的优秀女运动员脱颖而出。

1924 年，国际奥委会第 23 届全会通过决议，正式允许女子参加奥运会，并通过增设女子田径项目的决议。直到 1960 年，女子在奥运会的项目才逐渐稳定下来。

1928 年，阿姆斯特丹奥运会，女子 100 米、800 米、跳高、铁饼和 4×100 米接力共 5 个单项成为女运动员在奥运会上最初的项目。但女运动员在这次奥运会上也掀起了"巨浪"，最典型的是在女子 800 米跑中，一些大男子主义者认为让女性跑这么长的距离对于她们纤弱的身体来说压力太大，甚至有人给出"科学论断"——跑 800 米有损女性身心健康，从而出现了取消女子 800 米比赛长达 32 年的"奇观"。

1964 年东京奥运会，日本人把自己的王牌项目女子排球列为正式比赛项目，这是奥运会历史上首次出现的女子集体项目。

1976 年蒙特利尔奥运会，女子篮球登场。

1996 年亚特兰大奥运会，女子足球亮相。

到了 2021 年，东京奥运会组委会还特别成立了性别平等宣传小组，不论是运动员的男女比例还是比赛项目的安排，他们致力于将性别平等落实到各种细节上。东京奥运会创造一项纪录：女选手比例 49%，创下了历史新高。东京奥运会也是第一届允许公开跨性别女性参加女子项目的奥运会。女性参加了垒球、空手道、运动攀岩、冲浪和滑板等比赛。新的攀岩运动项目快速攀岩、抱石和先锋攀岩，都有男子和女子两个类别。一些运动项目如游泳，则引入了男女混合项目。

总而言之，奥林匹克的性别平等之路仍然漫长且充满挑战，但每一个时代的更迭都能看到更多积极的改变和新的希望。不论男性还是女性，都期待奥林匹克文化日渐朝着更团结、更包容的方向发展壮大。

1.4 奥林匹克教育的形成与发展

奥林匹克教育的人才培养历史以 6 个标志性事件分为 6 个阶

段，即创办奥林匹克青年营、推出奥林匹克教育计划、设立奥组委青年教育部、启动 ACP（运动员职业发展计划）和 OVEP（奥林匹克价值观教育计划）、创办青奥会（青年奥林匹克运动会）、建立国际奥林匹克大学。

  自从 1896 年现代奥林匹克运动诞生之后，顾拜旦就极其重视教育，但刚开始并没有在实践层面体现出来，而仅仅是在思想层面给予竞技运动教育性的意义。而真正意义的奥林匹克教育活动发源于 1912 年斯德哥尔摩的第五届奥运会。在奥运会期间，瑞典国王古斯塔夫五世为了扩大奥林匹克的影响，邀请 1500 名来自欧洲的青年，在奥林匹克赛场周围搭起帐篷，进行各种活动，这就是奥林匹克青年营的起点。但是受到组织规模、举办经验等多种因素的影响，通过青年营这样的方式进行奥林匹克教育理念传播的效果是有限的。直到 1964 年东京奥运会，除了举办青年营，同时印制了教育手册发放给日本的中小学生，宣传效果才大大提升。在之后 1968 年的墨西哥奥运会和 1972 年的慕尼黑奥运会上都增加了绘画节等文化教育活动，奥林匹克教育活动的形式不断丰富，影响也逐渐扩大。

  随着活动影响力不断增强，奥组委在 1976 年蒙特利尔奥运会期间推出奥林匹克专项教育计划，内容不再限于奥林匹克青年营等活动的举办，还将教育的宣传延伸到学校，并且开展了研讨会和相关资料期刊的创办活动。据统计，有多达 15 万名学生参加了本次活动。奥林匹克专项教育的推出使得奥林匹克教育的传播有了更加现实的路径。随后在 1984 年的洛杉矶奥运会上，奥组委在原有教育计划的基础上延伸出体育计划和艺术计划，鼓励更多的年轻人参与奥林匹克运动。在 1988 年汉城奥运会的教育计划中开始把东方文化融入其中，使奥林匹克教育在世界不同文化的交流与融合中发挥了重要作用。

1988年第15届冬季奥运会在加拿大卡尔加里举行，本届冬奥会上奥组委做了一个重要决定，即成立青年教育部负责与奥林匹克教育相关的青年教育、文化活动。这是现代奥林匹克运动发展史上第一个专门针对奥林匹克教育的奥组委正式机构，标志着现代奥林匹克教育走上规范化道路。在之后的奥运会中，青年教育部都会针对不同国家和地区的基本情况开发奥林匹克教育的教材和相关活动。同时，青年教育部的设立也极大促进了奥林匹克教育计划的发展，不仅在范围和深度上进一步拓展传统的奥林匹克教育计划，而且开始重视因地制宜地尝试制订各种区域性的奥林匹克教育计划，使得奥林匹克教育的内涵和形式都日渐丰富。

进入21世纪以后，社会的快速发展让奥林匹克运动开始面临新的问题，其中主要的两个就是日益严峻的运动员退役后安置问题和信息化时代奥林匹克教育方式的转变。为此，2005年国际奥委会启动了两项重要计划，一个是针对运动员退役后安置的ACP，据统计，在该计划实施后三年内，已经帮助30个国家的近3000名运动员顺利实现了退役后的职业转换。另一个计划是针对新时期奥林匹克教育方式的OVEP，与传统的教育计划不同的是，OVEP不仅包含了教育手册、教育活动等方式，还首次上线了网络教育平台，旨在通过信息化时代新的传播方式来拓宽广大青年了解奥林匹克运动的渠道，向更多的年轻人传播奥林匹克价值观并鼓励他们参与体育运动。OVEP的启动标志着奥林匹克教育方式正式步入信息化时代，也是现代奥林匹克教育进一步走向多元化、开放化的体现。

青奥会的创办是奥林匹克教育史上具有开创性的事件，它是第一次世界性地以发展奥林匹克教育、推动青年人参与体育为宗旨举办的专门运动会，与奥运会的竞技性相比，它更加重视教育性。首届夏季青奥会在2010年于新加坡举行，它以"开路先锋"为主题，把丰富多彩的奥林匹克文化教育活动融入竞技比赛之中。青奥会的意义不仅在于为青年运动员提供更多的体育参与机会，更是国际奥委会对于当前奥运会发展中的过度商业化的反思与决策，体现了国际奥委会力图克服当前奥运会发展中的局限，使奥林匹克运动回归教育的决心。因此可以说，青奥会的创立是现代奥林匹克教育发展中具有重要转折意义和开创意义的事件，是奥林匹克教育发展史上质的飞跃。

2014年第22届冬季奥林匹克运动会于俄罗斯索契举办，为了借此次冬奥会之机进一步发展本国奥林匹克教育，俄罗斯奥委会在国际奥委会的支持下，提出建设国际奥林匹克大学项目。国际奥林匹克大学采取全球选拔学员的方式，培养具有国际视野的体育专业顶尖人才，所聘请的专家均来自世界体育各领域中的"强中之强"以及顶尖的退役运动员。学校另一项重要的历史使命就是保存奥林匹克遗产，传播奥林匹克文化。学校设有专门的奥林匹克研究中心，专门负责奥林匹克知识体系的研究和人才培养。俄罗斯国际奥林匹克大学的创办是奥林匹克教育发展史上的又一重大突破，也是世界体育教育领域中的一大创新，有人形象地把它比作体育界的"哈佛大学"，可见其历史意义。虽然处于初创期，实际运作效果还有待检验，但是它对于奥林匹克教育的促进作用至少有三点已经可以肯定，即保存和研究奥林匹克遗产、培养专业体育人才、在一定程度上疏通运动员职业转换通道。

二、传承奥林匹克精神，中国与世界"一起向未来"

曾任国际奥委会主席的萨马兰奇表示："文化是奥林匹克的内在要素，如果没有反映主办国精神的文化活动，奥林匹克是不完整的。"奥运文化使奥运会超越体育竞技本身、凝结成人类不断突破自我的精神象征。中国成功申办和举办两届奥运会淋漓尽致地彰显了体育作为国家软实力的重要价值。

奥林匹克文化强调"更快、更高、更强——更团结"，而中华优秀传统文化历来就有不断革新、不断进步、团结一致的精神，这与奥林匹克文化是有相似之处的。

2.1 举办奥运会是中华民族的百年期盼

2001年7月13日，国际奥委会第112次全会在俄罗斯莫斯科举行，经过紧张激烈的投票选举，将第29届夏季奥运会主办权授予北京。经过七年多不懈努力，北京举办了一届"有特色、高水平"无与伦比的奥运会、残奥会，实现了两个奥运同样精彩，兑现了对国际社会的郑重承诺。北京2008年奥运会的成功申办与举办代表着中国百年奥运征程中最璀璨的梦想得以实现，也成为中华民族伟大复兴进程中的标志性事件。

习近平总书记曾在多个重要场合，对成功举办北京奥运会的历史背景与社会价值进行阐释，从历史与未来、国际与国内结合的视角揭示了北京奥运会的重大意义。"举办奥运会，是中华民族的百年期盼，是海内外中华儿女的共同心愿，也是我们对国际社会的郑重承诺。"2008年9月29日，北京奥运会、残奥会总结表彰大会在北京隆重举行，中共中央、国务院颁发的《关于表彰北京奥运会、残奥会先进集体和先进个人的决定》指出"北京奥运会、残奥会取得了圆满成功，实现了中华民族的百年期盼，实现了我国人民向国际社会作出的举办一届有特色、高水平的奥运会和两个奥运同样精彩的郑重承诺"。

"举办奥运会，是中华民族的百年期盼"。这一饱含深情的论断有其厚重的历史基础，是中华民族近现代历史充满坎坷并最终走向复兴的缩影。一个半世纪以前，当内忧外患的中华民族在救亡图存的道路上探索时，现代体育和奥林匹克运动作为促进国民体质、获得国际社会认可的重要途径，也融入了这一伟大的历史进程。1932年刘长春"单刀赴会"，拉开了中华民族参与奥运会的历史序幕。此后，经历1936年柏林奥运会和1948年伦敦奥运会的铩羽而归，旧中国在奥运会的道路上留下了历史的遗憾。直到1949年中华人民共和国成立，中国参与奥运会才翻开了历史新篇章。1952年赫尔辛基上空飘扬的五星红旗，标志着中华人民共和国正蓄势待发、勇敢地走向世界。1984年洛杉矶奥运会，许海峰一枪击碎"零奥运金牌"，我国运动员光荣地登上了奥运会最高领奖台。自此以后，我国体育军团迈着坚实步伐，向着"更快、更高、更强"的目标不断前进，直至成功举办北京2008年奥运会，并在金牌榜高居榜首。

民族的崛起和强大构成了中国体育崛起和申奥成功的前提，体育的崛起和申奥的成功则成为中华民族走向复兴之路的标志。中国在奥林匹克运动中，分别通过参加奥运会、在奥运会上争金夺银、举办奥运会等方式实现了百年奥运梦想，并最终汇聚到了中华民族伟大复兴的历史潮流之中。举办奥运会标志着中华民族伟大复兴中国梦取得阶段性胜利。北京奥运会能够成功申办并取得圆满成功，体现了改革开放以来我国持续快速增强的综合国力，体现了中国特色社会主义制度集中力量办大事的优越性。东京2020年奥运会，中国代表团克服客场作战、新冠肺炎等不利因素，取得了优异成绩。中共中央、国务院在贺电中指出"你们的出色表现进一步激发了海内外中华儿女的爱国热情，为全党全国各族人民在全面建设社会主义现代化国家新征程上团结奋斗、凝心聚力注入了精神力量。"

百年沧桑、百年奋斗，中国奥运征程充满了屈辱与坎坷，也见证了辉煌与梦想。中国的百年奥运之旅，成为中华民族走向伟大复兴光荣进程的缩影。将成功举办2008年北京奥运会作为重要标志，2014年在接受俄电视台专访时习近平总书记饱含深情地回顾了中国的百年奥运之路、充分肯定了中国的世纪奥运梦想，"上个世纪初，中国还处在积贫积弱的状态，中国人就提出了三个问题，即中国人什么时候能够派运动员去参加奥运会？中国运动员什么时候能够得到一块奥运金牌？中国什么时候能够举办奥运会？这三个愿望，到2008年北京奥运会成功举办，已经全部实现了。"

中国在筹备2008年奥运会时，树起了"人文奥运"的大旗。人文奥运，即文化的奥运会，是指东西方文化的交融，特别是源自于古希腊的奥林匹克文化与具有悠久历史的中国文化的交流与融合。人文奥运体现东方文化特别是中华文明对奥林匹克精神的开拓与发展。和平、和谐、和爱、和美所包含的天人合一观念，是对奥林匹克更快、更高、更强的竞技文化的生动补充。充分开发中国传统文化资源，展示中华文明，尽显东方神韵，创造性地实现奥林匹克文化与中国传统文化的交流和融合。在奥林匹克文化造福中国社会的同时，积极地以中国文化精华来补充和发展奥林匹克文化，积极倡导和平、和谐、和爱、和美的精神，能够丰富和发展奥林匹克文化。

2.2　北京冬奥会、双奥之城与新时代的新期盼

2015年北京获得了2022年第24届冬奥会主办权。2017年习近平总书记会见国际奥委会主席巴赫时指出，"北京是世界上第一个既举办过夏季奥运会，又将举办冬季奥运会的城市。这是中国的贡献"。从此，中国的奥运梦想又增添了新时代的色彩与内涵。

新时代呼唤新梦想，新时代激发新作为。申办和举办北京冬奥会、冬残奥会，是以习近平同志为核心的党中央作出的重大战略部署。习近平总书记就举办北京冬奥会的重要作用和意义作出深刻阐述，办好北京冬奥会、冬残奥会，是党和国家的一件大事。……举办北京冬奥会、冬残奥会来之不易、意义重大，同实现两个一百年奋斗目标高度契合，给新时代北京发展注入了新的动力。北京冬奥会是我国重要历史节点的重大标志性活动，是展现国家形象、促进国家发展、振奋民族精神的重要契机。同时，北京冬奥会也让中国民众有机会再次为奥林匹克运动发展和奥林匹克精神传播作出贡献。在奥林匹克运动面临重大挑战和重重危机的关口，中国积极参与奥林匹克运动的相关改革，以负责任大国的姿态勇于承担主办2022年冬奥会的历史使命，中国体育同世界奥林匹克运动也开创了双赢局面。此外，北京2022年

冬奥会的成功申办,是在习近平总书记构建人类命运共同体理念指导下,促进中国积极参与全球治理进程中的标志性事件,再一次向国际社会表明中国日益走近世界舞台中央的国际地位和影响力,决定了中国的梦想,不仅关乎中国的命运,也关系世界的命运。

历经7年艰辛努力,北京冬奥会、冬残奥会胜利举办,举国关注,举世瞩目。伟大的事业孕育伟大的精神,伟大的精神推进伟大的事业,向世界奉献了一届简约、安全、精彩的奥运盛会,全面兑现了对国际社会的庄严承诺,北京成为全球首个"双奥之城"。在北京冬奥会、冬残奥会总结表彰大会上,习近平总书记首次提出了胸怀大局、自信开放、迎难而上、追求卓越、共创未来的北京冬奥精神,并对此作出了细致阐述,具有十分重大而深远的意义。这是中国人民精神风貌的时代写照,也是中华民族开创未来的精神财富。北京体育大学孙葆丽教授在《北京冬奥精神的内涵特征、时代意蕴与传承路径》一文中指出,在后冬奥时代,北京冬奥精神作为中华体育精神的鲜明样板,必将秉承时代之风,进一步推动我国各领域发展,为中华民族伟大复兴注入强大的动力。北京冬奥精神体现了奥林匹克精神的核心价值理念。北京冬奥精神同时也是对奥林匹克精神的继承和发展,各国运动员在冬奥赛场上自信开放、追求卓越、公平竞争,奥林匹克文化开放、多元、共享的精神在运动员之间汇集成友谊和团结之花。

2.3 双奥彰显国家软实力

2008年,北京举办夏季奥运会,向世界展示了中国辉煌灿烂的历史文化和现代文明。2022年，北京又成功举办冬季奥运会，成为世界上目前唯一的"双奥之城"，将奥林匹克文化与以中国为代表的东方文化完美融合，实现了东西方文化的交流互鉴。

除了举办两届奥运会，北京还是中、法、英三种文字《奥林匹克宣言》全球首发地，产生了第一套国际认可的奥林匹克文化读本《新北京·新奥运》，拥有国际奥林匹克文化传播标志暨世界第一座"奥林匹克宣言广场"，开启了奥林匹克大家庭文化纽带工程暨"《奥林匹克宣言》——美丽的奥林匹克文化长卷（系列）"。2022年2月，北京冬奥组委在发布的《北京2022年冬奥会和冬残奥会遗产案例报告集（2022）》中指出，将建设北京国际奥林匹克学院、崇礼华侨冰雪博物馆和太子城考古遗址公园等，促进奥林匹克文化研究、传播和推广。

奥运会作为最富影响力的全球性体育赛事，成为中国展现综合国力的舞台。以体育为媒介，中国向全球展现出强大而包容的东方力量。回首2008年北京奥运会开幕式，刻有祥云图案的奥运火炬，带有"中国印"的会徽，以及夸父逐日、敦煌飞天、太极拳、四大发明的传统元素，形象表现了中华文化的博大精深和源远流长。中华优秀传统文化就这样一次次登上世界舞台，促进了世界文化交流发展，也为世界文化带来了新的生机和活力。北京2022年冬奥会开幕式倒计时表演在中国传统历法的时光轮转中拉开序幕。开幕式上，倾泻而下的黄河之水、破冰而出的奥运五环、大如席片的燕山之雪，将文化元素和体育赛事完美结合，一点一滴尽显中华优秀传统文化魅力和精髓。

2022年2月20日晚，北京冬奥会闭幕式举行，国际奥委会主席巴赫在闭幕式上高度评价北京冬奥会，称赞北京冬奥会是一届真正无与伦比的冬奥会。在他看来这届冬奥会是中国给了世界一个和平的机会，这也正是奥林匹克精神所一直倡导的。不少前来参赛的外国运动员也对中国和北京冬奥会赞叹不已。例如，来自俄罗斯奥委会队的亚历山大·博利舒诺夫，他在北京冬奥会越野滑雪项目上夺得两枚金牌和一枚银牌，在接受俄新社采访时，他说："我爱中国！这里最棒了！以后如果有机会，我一定还要再来这里。"来自马耳他的单板滑雪运动员珍妮丝·斯皮泰里返回马耳他后分享了一则中国媒体为其制作的视频，并以中文自称"豆包姐"。她表示对中国最大的印象就是人们都很友好，"每次你走进餐厅，他们都会挥手向你问候，每个人看起来都很热情。"

北京冬奥村开村以来，各个国家和地区的参赛运动员对贴心周到的服务、舒适健全的设施不吝赞美之词。这让冬奥组委奥运村部特聘专家拉兹罗·瓦伊达倍感欣慰，"这是所有人共同努力的结果，冬奥组委各部门之间的对接非常高效，确保为运动员提供高水平服务。"据国际奥委会奥林匹克转播服务公司首席执行官埃克萨科斯介绍，北京冬奥会是迄今为止收视率最高的一届冬奥会，在全球社交媒体上已吸引超20亿人次的关注。北京冬奥会是向世界展示中国的一个窗口，从中各国民众看到了精彩纷呈的高水平竞技和其乐融融的文化交流，筹办者的用心和努力赢得了全世界的赞赏。北京冬奥会受到积极评价，对北京和中国的形象及全球认可度带来了正向影响。

通过举办奥运会可以讲好中国故事，向世界展示全面、真实、客观的中国形象。北京冬奥会和冬残奥会的筹办与举办过程,也是"中国故事"的讲述过程,中国故事与奥林匹克运动交织在一起,形成了具有独特民族内涵的北京冬奥精神。赛场内外,来自各条战线的工作者和建设者们纷纷与时间赛跑,与新冠肺炎做着顽强的斗争,每一位教练员和运动员都迎难而上、追求卓越、奋力建功,这些都是人民群众参与冬奥盛会获得幸福感和体验感的真实写照。北京冬奥会和冬残奥会的筹办与举办是在全球新冠肺炎蔓延和世界经济低迷叠加环境下推进的,所有参与者都付出了艰苦卓绝的努力,而这离不开所有参与者胸怀为国争光、为民族建功的大局意识。

三、双奥遗产引领奥林匹克全民健身风潮

两次奥运会的成功举办带给中国的不仅仅是全世界的瞩目和认可,还有丰厚的奥运遗产,奥林匹克精神带来的全民健身风潮,以及奥运榜样带来的对于青少年的深厚影响。

3.1 奥运遗产的体育与教育资源转化

奥运遗产是奥林匹克运动催生物,我国成功申办、筹备、举办2008年夏季奥运会与2022年冬季奥运会,使得北京成为有史以来第一座"双奥之城"。随着人文奥运观念深入人心,奥运遗产在创造、利用过程中可持续性颇受瞩目。北京冬奥会、冬残奥会留下了丰富的物质遗产、文化遗产和人才遗产。盛会圆满结束后,如何充分运用好这些遗产,让其成为推动发展的新动能,实现冬奥遗产利用效益最大化,是摆在我们面前的新的重大课题。对奥运遗产的价值开发、保护传承、可持续利用至关重要。

在 2008 年北京奥运会和残奥会筹办期间，北京市一些中小学开展的奥林匹克教育可谓形式多样，既包括融合了奥林匹克知识的体育课程，也包括奥林匹克教育文化活动，例如，"奥林匹克教育示范校牵手活动""奥林匹克'同心结'交流活动""奥林匹克教育教师培训活动"，等等。后冬奥时代，北京冬奥会的卓越遗产成为富于发展潜力的优质资产。2022 年 1 月，文化和旅游部、国家发展改革委、国家体育总局联合印发了《京张体育文化旅游带建设规划》，标志着京张体育文化旅游产业融合发展进入高质量发展的新阶段。依托国家跳台滑雪中心、国家冬季两项中心等场馆，北京与张家口市共同建设奥林匹克公园；将部分冬奥运动赛事场地改造为奥运主题博物馆，使之成为展示奥运文化、中国文化、北京独特魅力的重要窗口。后冬奥时代，北京借助冬奥遗产，大力发展会展经济，积极举办国际国内高端论坛和展览，打造兼具本地特色和全球影响力的国际交流平台。北京还借助奥运场馆办赛功能，高水平建设崇礼国际冰雪运动赛训基地，积极承接国际国内重大冰雪运动赛事，着力打造服务全国、辐射全球的顶级品牌赛事聚集地，带动开展多元化体育品牌赛事活动，构建"专业赛事+原创赛事"的精品赛事体系。

围绕扎实做好"后冬奥文章"，北京市提出，充分用好物质、文化和人才遗产，实现冬奥遗产利用效益最大化。观察北京市学生的学习生活，不难发现，中小学生正从丰富多彩的活动中汲取冰雪知识，大学生则是运用专业能力深入社会实践，用行动弘扬北京冬奥精神。北京冬奥遗产正被源源不断地转化为教育资源。北京市各高校则鼓励学生深入社会，在切身实践中将冬奥精神传承下去。北京冬奥场馆是北京冬奥会、冬残奥会重要的物质遗产,也是学生们进行冬奥思政实践的重要场所。例如,北京工商大学组织冬奥志愿者重返"冰立方",并与冬奥场馆合作打造冬奥实践基地,让同学们在冬奥场馆中向社会大众传播冬奥知识,发扬冬奥志愿精神。清华大学通过开展冬奥社会实践活动,鼓励学校师生围绕全民健身行动、冰雪产业经济、奥运遗产战略等开展调查研究。其中,清华大学探微书院实践支队就前往吉林省白山市,通过对沿途自然风光、民俗文化、交通设施等方面的考察,调研冬奥对当地冰雪产业带来的影响,为探寻东北老工业基地发展之路建言献策。中国政法大学以北京市12项冬奥相关法律法规与《北京市志愿服务促进条例》等为研究对象,开设"冬奥法治大讲堂""法眼看冬奥"等系列普法课程,开展线上行动。

2022年五四青年节当天,"圆梦冬奥会,一起向未来"首都教育系统弘扬北京冬奥精神大思政课在线上播出。课堂上,北京冬奥会、冬残奥会的运动员、建设者、科研工作者、志愿者等群体代表分别分享了自身的冬奥经历,主讲人冯秀军还结合这些鲜活案例,对北京冬奥精神的内涵进行了阐释。例如,中国首位冬残奥"三冠王"杨洪琼讲述了自己一路克服困难勇夺三枚冬奥金牌的经历,她说:"我在哪里摔倒,就把哪里碾平。"冯秀军阐释道,杨洪琼"拒绝躺平,选择碾平"的精神,正是北京冬奥精神中"迎难而上"的可贵品质。

3.2 奥运风向点燃健身运动热潮

北京2008年和2022年两届奥运会的办赛理念与城市长远发展目标高度契合,奥林匹克精神全面融入城市发展。2016年8月

25日，习近平总书记在会见第31届奥运会中国体育代表团时强调，"发展体育运动，增强人民体质"必须作为体育工作任务中最基本的部分。希望所有同志都能够对中华体育精神以及奥林匹克精神进行弘扬，促使我国体育竞技实力不断加强，做好做强竞技体育项目，在国际赛事中获取更多荣誉，为国争光，促使群众体育的持续稳定发展。

2006年，"全民健身与奥运同行"的口号在全国唱响，各地全面启动了农民体育健身工程和学校体育场地开放的试点工作。3月，国家发展改革委与国家体育总局共同牵头实施的"农民体育健身工程"正式启动。2007年国家体育总局与国家发展改革委、财政部联合下发《"十一五"农民体育健身工程建设规划》，支持全国10万个行政村完成农民健身场地设施建设，使全国1/6的行政村都建有公共体育场地设施。这些重要举措凝结着政府对群众体育规律的探索和思考，生动阐释了北京奥运会"人文奥运"的理念，也是体育事业落实科学发展观的具体体现。2007年，以"全民健身与奥运同行"为主题的群众体育活动更加丰富多彩。政府又借奥运契机掀起全民健身的热潮，为大众提供更多、更好的体育健身场地和设施，努力提高群众体育的组织化、法治化和科学化水平，将我国群众体育事业推向了一个新的高度。2008年，为了弘扬奥林匹克精神，广泛宣传奥林匹克知识，促进我国全民体育意识和健身意识的提高，并使我国群众体育与竞技体育形成"合唱"，促进构建和谐奥运、和谐体育、和谐社会与和谐世界的形成，国家体育总局在全国组织开展了"全民健身与奥运同行"系列活动。

2021年，国务院印发了《全民健身计划（2021—2025年）》，从中可以看出国家对于全民健身的重视。"一切体育为大众"是现代奥林匹克运动会创始人顾拜旦先生提出的奥林匹克理想，奥林匹克文化的传入尤其是奥运会的举办，帮助了全民健身的宣传，加强了对青少年的教育，同时扩大了全民健身的规模。为吸引更多体育爱好者重新回到健身场所，助力全民健身发展，"政府购服务，群众享实惠"的模式正在全国更多地区火热开展。浙江杭州，公共体育场馆免费或低收费开放进一步推进，每月免费开放时间持续增加；重庆，奥体中心游泳馆在全民健身日期间推出了免费国民体质监测服务，为市民提供健康建议……放眼神州大地，强健体魄、培养持之以恒的健身习惯，正成为越来越多人的自觉选择。

为冬奥助威蓄势，掀全民健身热潮，2022年元月北京奥运城市体育文化节，不仅放大"全民健身与奥运同行"的效应，还推动奥林匹克文化与首都文化的融合发展。特别是2022年，活动借助"互联网+"模式，迅速将其影响力辐射至全国，把"双奥之城"风采传播至千家万户。

北京冬奥会、冬残奥会的成功举办，极大地激发了亿万人民群众参与体育锻炼特别是冰雪运动的热情。北京冬奥组委等共同发布的《北京2022年冬奥会和冬残奥会体育遗产报告（2022）》显示，自冬奥会申办成功至2021年10月，全国居民参与过冰雪运动的人数为3.46亿，冰雪运动的居民参与率为24.56%。这个人数还在迅速增长。后冬奥时代，我们要进一步推动冰雪运动的普及发展，强化全面健身战略规划布局，建设利用好冰雪场地设施，促进冰雪产业和其他体育运动产业持续发展。

3.3 奥林匹克文化对中国青年的榜样教育作用

奥林匹克的教育本质、丰富的文化内涵和特有的运动形式以及青年的身心发展特点，决定了青年是奥林匹克运动的追随者。现代奥林匹克运动满足了人爱玩、渴望竞争的天性，同时也契合了青年渴望发展自我、超越自我的心理发展特征。在竞赛的规则约束中，青年潜移默化地懂得了遵守规则、公平竞争的意义。奥林匹克的宗旨是通过没有任何歧视、具有奥林匹克精神——以友谊、团结和公平竞争的精神相互理解的体育活动来教育青年，鼓励青年不断超越自我。"更快、更高、更强——更团结"的奥林匹克精神，在青年教育方面具有积极意义。在青年从学校走向社会的过程中，通过体育运动，帮助他们完成社会化成长过程，不仅是奥林匹克运动所要实现的教育目的，也是学校体育的重要的教育责任。

奥林匹克运动的主要对象是全世界的青年。青年是社会中最活跃、最开放、最前卫也是最不稳定的群体，他们是人类社会的未来。这一群体具有较大的可塑性和模仿力，他们羡慕英雄、崇拜英雄、模仿英雄、渴望成为英雄。奥林匹克格言教育应抓住这一特点，将"良好的榜样"作为重要的教育方式，给全世界的青少年提供优秀的奥林匹克选手——现实中的英雄，让他们去模仿、去学习。通过对优秀奥运选手的学习，取得道德教育的直接效果。

奥运榜样作为奥林匹克运动教育功能的重要组成部分，具有独特的文化属性，奥林匹克主义是增强体质、意志和精神并使之全面均衡发展的一种生活哲学，奥林匹克运动的宗旨是通过体育运动促进人的和谐发展，进而促进人与社会，人与自然的和谐。

奥运冠军积极向上、勇于拼搏的精神，能够激励运动员刻苦训练、发奋图强，对于提升广大青年意志品质和塑造社会优秀精神文化具有重要作用。习近平总书记曾在不同场合对弘扬奥林匹克精神作出精彩阐述，将我国体育健儿在奥运会上的出色表现作为中国精神的一个重要体现。奥运冠军精神是运动员在竞技比赛中展现的精神风貌、竞技能力、情感意志、心理素质、价值追求和综合素质等的集中体现，是通过奥运会等高层次比赛传递出的渗透力和影响力都深刻的精神力量。

奥运冠军不仅给国家带来了巨大荣誉，极大地振奋了中华民族精神，而且为我国体育事业的持续发展和优秀竞技运动项目文化的传播发挥了重要作用。奥运冠军背后蕴含着宝贵的成长经验和丰富的精神文化，他们作为中国优秀竞技文化的集中体现，其特有的成才经历和精神品质对于优秀竞技人才培养具有重要的带动和引领作用。

奥运榜样具有丰富的文化内涵，拼搏、奋斗精神是最基本的层面，自强、诚信、公正、友好等也是其不可或缺的精神实质，这些特点使得奥运文化资源可以有机融入我国的榜样教育，对中国传统文化产生强化与充实作用，并在交融中吸收中国传统文化的精髓。

一方面，奥运冠军精神是不同时代优秀运动员搏击奋进的强大动力。奥林匹克榜样体现了强者文化，他们充分展现出了竞争、拼搏的精神，自觉实践了"更快、更高、更强——更团结"的奥林匹克格言。榜样的价值转化为运动员自觉的行动，是成就我国无数运动员顽强拼搏、奋勇争先、为国争光的精神动力。

另一方面，优秀运动员还是更广泛的社会群体，尤其是青少年的榜样，乃至演变为民族精神的一种象征。例如，20世纪80年代，中国女排在世界大赛上连续5次夺冠，人们从中总结出"女排精神"，核心便是不畏强敌、奋力拼搏，后来它成为我国现代民族精神的象征。我国著名奥运活动家何振梁先生高度肯定了奥林匹克运动的教育本质，认为现代奥林匹克运动的目的就是通过奥运会教育青年、鼓舞社会，何振梁指出，优秀运动员要成为青少年的榜样，"中国优秀运动员的良好道德风尚、拼搏精神，确实为青少年和社会各个方面提供了良好的榜样，对青少年今后的发展有积极的影响"。

奥林匹克运动及奥运盛会中优秀运动员的榜样作用，带动了青年学生热爱和积极参与体育运动，这些榜样作用为奥林匹克运动发展和奥林匹克精神传播作出了积极贡献。奥林匹克精神与中华体育精神是相得益彰、融会贯通的，发扬奥林匹克精神可以传播奥林匹克运动的价值观念，有助于激发中华民族的伟大创造精神，为建设富强民主文明和谐美丽的社会主义现代化强国提供强大精神动力。

结　语

奥林匹克运动及奥运盛会中优秀运动员的榜样作用，带动了青年学生热爱和积极参与体育运动，这些榜样作用为奥林匹克运动发展和奥林匹克精神传播作出了积极贡献。奥林匹克精神与中华体育精神是相得益彰、融会贯通的，发扬奥林匹克精神可以传播奥林匹克运动的价值观念，有助于激发中华民族的伟大创造精神，为建设富强民主文明和谐美丽的社会主义现代化强国提供强大精神动力。

参考文献

[1] 国家体育总局编写组. 深入学习习近平关于体育的重要论述[M]. 北京：人民出版社，2022.

[2] 钟秉枢. 人类命运共同体引领下的中国体育外交战略构建[J]. 体育文化导刊，2019(02)：15-21.

[3] 钱俊伟，钱永健. 立德树人视域下红色体育课程思政建设的实践路径[J]. 北京体育大学学报，2021，44(06)：159-166.

[4] 高德毅，宗爱东. 从思政课程到课程思政：从战略高度构建高校思想政治教育课程体系[J]. 中国高等教育，2017(01)：43-46.

[5] 黄自娟. 校园体育文化融入大学生社会主义核心价值观培育的优势与策略[J]. 咸阳师范学院学报，2019，34(04)：113-116.

[6] 崔乐泉. 中国古代体育文化源流[M]. 贵阳：贵州民族出版社．2011.

[7] 陈波，冯红静. 民族传统体育文化价值分析[J]. 体育

文化导刊，2008（10）：27-29.

［8］刘少卓．中华体育精神铸牢中华民族共同体意识的理论逻辑与实践路径［J］．南京体育学院学报，2020，19（12）：34-41.

［9］何涛．新时代民族传统体育文化的精神价值在学校教育中的融合研究［D］．西北师范大学，2019.

［10］孙葆丽，沈鹤军，孙海潮，等．北京冬奥精神的内涵特征、时代意蕴与传承路径［J］．武汉体育学院学报，2022，56（09）：15-20.

［11］赵富学．体育成为中华民族伟大复兴标志性事业的历史递进、现实逻辑与发展愿景［J］．西安体育学院学报，2021，8（04）：385-394.

［12］毛泽东．体育之研究［M］．北京：人民体育出版社，1979.

［13］黄莉．中华体育精神与体育强国梦［M］．北京：北京出版社，2021.

［14］潘挺．"一带一路"背景下民族传统体育养生文化对外传播途径的研究［D］．吉林体育学院，2019.

［15］徐敏．体育参与对大学生公民意识培育的影响研究［D］．山东师范大学，2016.

［16］柴娇，林加彬，李岫儒，等．青少年运动乐趣的内涵、来源、现状及提升策略［J］．体育科学，2021，41（02）：39-50.

［17］皮埃尔·德·顾拜旦．奥林匹克宣言［M］．《奥林匹克宣言》传播委员会，编译．北京：人民出版社，2008.

［18］东芬．北京奥运会教育价值的开发与实现［D］．苏州大

学，2009.

[19]李艳.从"更快、更高、更强"到"更快、更高、更强、更团结":奥林匹克精神内涵的本质与升腾[J].体育与科学，2021，42(05)：20-26.